Level **5**

초등영단어
문장의 시작

Final
실전 활용

차례

구성과 특징 5권

〈초등영단어 문장의 시작〉은 초등학생이 알아야 할 1200단어를 공부하는 책이에요.

Level 5에서는 하루 14문장씩 28일간 총 392문장을 공부할 수 있도록 구성했어요.

매일 14문장을 〈Words Preview ➡ Words in Sentences ➡ Exercises〉의 3단계로 공부하면서

Level 1 – 4의 단어들을 복습해요.

1 > Words Preview

Day 별로 28개의 영어 단어를 짚어볼 수 있어요.
Level 1 – 4에서 배운 단어들을 28일 동안
골고루 복습할 수 있어요.

* Word Preview를 짚어보기 전, 전날 배운 단어들을
점검할 수 있는 테스트지가 수록되어 있어요.

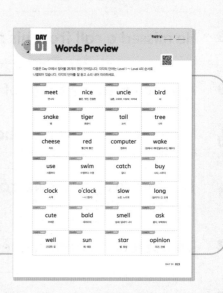

2 > Words in Sentences

Words Preview에서 공부한 28단어들의 활용을
14문장을 통해 짚어볼 수 있어요.

• 각 문장을 듣고 써보며 단어의 쓰임을 익힐 수 있어요.

• 오른쪽 단에서는 각 문장에 쓰인 주요 단어의 의미를
확인할 수 있어요.

3 › Exercises

- 듣고 쓰기
- 우리말로 해석하기
- 내용에 알맞은 단어 고르기
- 문장 완성하기

네 가지 유형의 문제를 통해 앞에서 공부한
단어와 문장을 다시 한번 익힐 수 있어요.

4 › Overall Test 3회

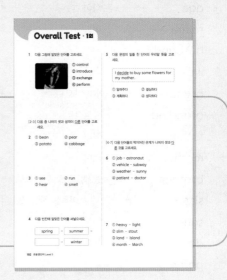

단어 실력을 종합적으로 점검해 볼 수 있는 14문항의
테스트예요. 실제 중학교 시험에서 출제된 유형으로
전 문항을 구성했어요. 단어 실력을 스스로 확인하고,
단어 공부의 방향도 짚어볼 수 있어요.

단어 학습을 도와주는 장치들

초등영단어 1200
Level 1 – Level 4에서
공부한 1200단어를 다
시 한번 짚어볼 수 있
어요. 각 Level 별로 구
분하여 영어 단어와 우
리말 뜻을 수록했어요.

Workbook
Day별로 학습한 문장을
〈배열하기 / 통문장 만들기〉
두 가지 유형으로 연습해요.
단순한 단어 암기가 아닌
문장을 만드는 활동으로
이어질 수 있도록 했어요.

초등영단어 1200

다음은 〈초등영단어 문장의 시작〉 Level 1 ~ Level 4까지 공부했던 1200개의 영어 단어와 우리말 뜻을 정리한 표입니다.
음원을 듣고 따라하며, 우리말을 확인하세요. 모르는 단어가 있다면, 표시해두었다가 다시 한번 짚어보세요.

Level 1

1	meet	만나다	☐	36	human	인간	☐
2	hello	(만났을 때) 안녕	☐	37	friend	친구	☐
3	bye	(헤어질 때) 안녕	☐	38	guy	남자, 녀석	☐
4	morning	아침, 오전	☐	39	lady	숙녀	☐
5	afternoon	오후	☐	40	gentleman	신사	☐
6	evening	저녁, 밤	☐	41	pet	애완동물	☐
7	night	밤	☐	42	cat	고양이	☐
8	nice	좋은, 멋진, 친절한	☐	43	dog	개	☐
9	age	나이	☐	44	rabbit	토끼	☐
10	name	이름	☐	45	bird	새	☐
11	husband	남편	☐	46	snake	뱀	☐
12	wife	부인	☐	47	lizard	도마뱀	☐
13	grandpa	할아버지	☐	48	frog	개구리	☐
14	grandma	할머니	☐	49	turtle	거북	☐
15	father	아버지	☐	50	spider	거미	☐
16	mother	어머니	☐	51	animal	동물	☐
17	brother	형제, 형, 오빠, 남동생	☐	52	lion	사자	☐
18	sister	자매, 여동생, 누나, 언니	☐	53	tiger	호랑이	☐
19	son	아들	☐	54	dolphin	돌고래	☐
20	daughter	딸	☐	55	bear	곰	☐
21	parents	부모	☐	56	wolf	늑대	☐
22	child	어린이, 아이, 자식	☐	57	fox	여우	☐
23	baby	아기	☐	58	elephant	코끼리	☐
24	kid	아이, 어린이	☐	59	monkey	원숭이	☐
25	aunt	숙모, 고모, 이모, 아주머니	☐	60	zebra	얼룩말	☐
26	uncle	삼촌, 고모부, 이모부, 아저씨	☐	61	cow	소, 암소	☐
27	cousin	사촌	☐	62	horse	말	☐
28	adult	어른, 성인; 다 자란	☐	63	pig	돼지	☐
29	family	가족	☐	64	duck	오리	☐
30	couple	부부, 한 쌍	☐	65	goose	거위	☐
31	people	사람들	☐	66	hen	암탉	☐
32	man	남자, 사람	☐	67	sheep	양	☐
33	woman	여자, 여성	☐	68	goat	염소	☐
34	boy	소년, 남자아이	☐	69	donkey	당나귀	☐
35	girl	소녀, 여자아이	☐	70	tail	꼬리	☐

71	tree	나무	☐
72	root	뿌리	☐
73	trunk	나무의 몸통	☐
74	leaf	잎, 나뭇잎	☐
75	flower	꽃	☐
76	tulip	튤립	☐
77	rose	장미	☐
78	bush	덤불	☐
79	grass	풀, 잔디	☐
80	pine tree	소나무	☐
81	fruit	과일	☐
82	vegetable	채소	☐
83	apple	사과	☐
84	banana	바나나	☐
85	orange	오렌지	☐
86	grape	포도	☐
87	strawberry	딸기	☐
88	watermelon	수박	☐
89	tomato	토마토	☐
90	pear	배	☐
91	potato	감자	☐
92	onion	양파	☐
93	carrot	당근	☐
94	mushroom	버섯	☐
95	pumpkin	호박	☐
96	bean	콩	☐
97	cabbage	양배추	☐
98	garlic	마늘	☐
99	cucumber	오이	☐
100	eggplant	가지	☐
101	food	음식, 식품, 식량	☐
102	breakfast	아침 식사	☐
103	bread	빵	☐
104	biscuit	비스킷	☐
105	milk	우유	☐
106	juice	주스	☐
107	butter	버터	☐
108	oil	기름	☐

109	coffee	커피	☐
110	rice	쌀, 밥	☐
111	lunch	점심 식사	☐
112	sandwich	샌드위치	☐
113	salad	샐러드	☐
114	cheese	치즈	☐
115	pizza	피자	☐
116	hamburger	햄버거	☐
117	cookie	쿠키	☐
118	chocolate	초콜릿	☐
119	salt	소금	☐
120	sugar	설탕	☐
121	dinner	저녁 식사	☐
122	soup	수프	☐
123	spaghetti	스파게티	☐
124	steak	스테이크	☐
125	meat	고기, 육류	☐
126	beef	소고기	☐
127	chicken	닭고기	☐
128	fish	생선, 물고기	☐
129	choose	고르다, 선택하다	☐
130	finish	끝나다, 끝내다, 다 먹다	☐
131	wear	입다, 착용하다	☐
132	clothes	옷	☐
133	coat	외투, 코트	☐
134	shirt	셔츠	☐
135	sweater	스웨터	☐
136	skirt	치마	☐
137	dress	원피스, 드레스	☐
138	pants	바지	☐
139	jeans	청바지	☐
140	shorts	반바지	☐
141	cap	(앞으로 긴 챙이 있는) 모자	☐
142	hat	모자	☐
143	button	단추	☐
144	pocket	주머니	☐
145	glasses	안경	☐
146	tie	넥타이; 묶다	☐

147	ribbon	리본	☐	186	sixteen	16, 열여섯	☐
148	gloves	장갑	☐	187	seventeen	17, 열일곱	☐
149	socks	양말	☐	188	eighteen	18, 열여덟	☐
150	shoes	신발	☐	189	nineteen	19, 열아홉	☐
151	face	얼굴; 마주보다	☐	190	twenty	20, 스물	☐
152	eye	눈	☐	191	black	검은색; 검은	☐
153	nose	코	☐	192	white	흰색; 흰	☐
154	mouth	입	☐	193	yellow	노란색; 노란	☐
155	ear	귀	☐	194	red	빨간색; 빨간	☐
156	cheek	뺨	☐	195	blue	파란색; 파란	☐
157	head	머리	☐	196	green	녹색; 녹색의	☐
158	hair	머리카락	☐	197	gray	회색; 회색의	☐
159	lip	입술	☐	198	brown	갈색; 갈색의	☐
160	tooth	이, 이빨	☐	199	pink	분홍색; 분홍색의	☐
161	body	몸, 신체	☐	200	violet	보라색; 보라색의	☐
162	neck	목	☐	201	house	집	☐
163	arm	팔	☐	202	door	문	☐
164	hand	손; 건네주다	☐	203	window	창문	☐
165	finger	손가락	☐	204	ceiling	천장	☐
166	back	등; 뒤로, 다시	☐	205	roof	지붕	☐
167	leg	다리	☐	206	basement	지하층	☐
168	knee	무릎	☐	207	floor	마루, 층	☐
169	foot	발	☐	208	stairs	계단	☐
170	skin	피부	☐	209	garden	정원	☐
171	one	1, 하나	☐	210	wall	벽	☐
172	two	2, 둘	☐	211	room	방	☐
173	three	3, 셋	☐	212	bathroom	욕실, 화장실	☐
174	four	4, 넷	☐	213	bedroom	침실	☐
175	five	5, 다섯	☐	214	living room	거실	☐
176	six	6, 여섯	☐	215	kitchen	부엌	☐
177	seven	7, 일곱	☐	216	bed	침대	☐
178	eight	8, 여덟	☐	217	sofa	소파	☐
179	nine	9, 아홉	☐	218	mirror	거울	☐
180	ten	10, 열	☐	219	table	탁자, 식탁	☐
181	eleven	11, 열하나	☐	220	desk	책상	☐
182	twelve	12, 열둘	☐	221	towel	수건	☐
183	thirteen	13, 열셋	☐	222	soap	비누	☐
184	fourteen	14, 열넷	☐	223	carpet	카펫, 양탄자	☐
185	fifteen	15, 열다섯	☐	224	key	열쇠	☐

225	telephone	전화기	☐
226	television	텔레비전	☐
227	curtain	커튼	☐
228	ladder	사다리	☐
229	camera	카메라	☐
230	computer	컴퓨터	☐
231	spoon	숟가락	☐
232	chopsticks	젓가락	☐
233	fork	포크	☐
234	knife	칼, 나이프	☐
235	bowl	(우묵한) 그릇	☐
236	dish	접시, 요리	☐
237	bottle	병	☐
238	glass	(유리)잔	☐
239	cup	컵	☐
240	basket	바구니	☐
241	housework	집안일, 가사	☐
242	clean	청소하다; 깨끗한	☐
243	wash	닦다, 씻다	☐
244	grow	기르다, 자라다	☐
245	water	물; 물을 주다	☐
246	feed	먹이를 주다, (밥·우유를) 먹이다	☐
247	garbage	쓰레기	☐
248	laundry	세탁물, 세탁	☐
249	lawn	잔디, 잔디밭	☐
250	plant	식물; 심다	☐
251	wake	(잠에서) 깨다[일어나다], 깨우다	☐
252	sleep	잠을 자다	☐
253	drink	마시다; 음료	☐
254	brush	빗질하다, 칫솔질하다	☐
255	make	만들다	☐
256	walk	걷다, (동물을) 산책시키다; 산책	☐
257	nap	낮잠	☐
258	bath	목욕	☐
259	break	깨뜨리다, 부수다, 고장내다	☐
260	fix	고치다	☐
261	school	학교	☐
262	class	수업, 학급	☐

263	course	강좌, (학)과목, 강의	☐
264	teacher	선생님	☐
265	student	학생	☐
266	classmate	반 친구	☐
267	club	동아리	☐
268	homework	숙제	☐
269	remember	기억하다	☐
270	forget	잊다	☐
271	classroom	교실	☐
272	topic	주제	☐
273	lesson	수업	☐
274	library	도서관	☐
275	gym	체육관	☐
276	restroom	(공공장소의) 화장실	☐
277	cry	울다, 외치다	☐
278	fight	싸움; 싸우다	☐
279	join	함께 하다, (동아리에) 가입하다	☐
280	use	사용하다	☐
281	book	책	☐
282	board	게시판, 칠판	☐
283	quiz	퀴즈, 시험	☐
284	word	단어, 낱말	☐
285	goal	목표, 골, 득점	☐
286	clap	박수치다	☐
287	teach	가르치다	☐
288	study	공부하다	☐
289	understand	이해하다	☐
290	know	알다	☐
291	pencil	연필	☐
292	pen	펜	☐
293	eraser	지우개	☐
294	ruler	자	☐
295	tape	테이프; 테이프로 묶다	☐
296	notebook	공책	☐
297	textbook	교과서	☐
298	diary	일기장	☐
299	dictionary	사전	☐
300	set	놓다, 맞추다	☐

301	feeling	감정	☐	337	doctor	의사	☐
302	glad	기쁜, 반가운	☐	338	nurse	간호사	☐
303	fine	괜찮은, 좋은	☐	339	firefighter	소방관	☐
304	excited	신이 난, 들뜬	☐	340	police officer	경찰관	☐
305	fun	재미있는, 즐거운	☐	341	artist	화가, 예술가	☐
306	boring	재미없는, 지루한	☐	342	model	모델, 모형	☐
307	hard	어려운, 힘든; 열심히	☐	343	singer	가수	☐
308	afraid	겁내는, 걱정하는	☐	344	dancer	무용수	☐
309	sorry	안된, 미안한	☐	345	actor	배우	☐
310	hurt	다친; 다치게 하다, 아프다	☐	346	writer	작가	☐
311	like	좋아하다; ~처럼	☐	347	cook	요리사; 요리하다	☐
312	love	사랑하다; 사랑	☐	348	soldier	군인	☐
313	want	원하다	☐	349	scientist	과학자	☐
314	need	필요하다	☐	350	pilot	조종사	☐
315	welcome	환영하다	☐	351	sport	운동, 스포츠	☐
316	hate	몹시 싫어하다, 미워하다; 증오	☐	352	score	득점하다; 점수	☐
317	hope	희망하다; 희망	☐	353	play	경기하다, 연주하다, 놀다	☐
318	laugh	웃음; 웃다	☐	354	bat	방망이, 박쥐	☐
319	worry	걱정하다	☐	355	basketball	농구	☐
320	joy	(큰) 기쁨	☐	356	baseball	야구	☐
321	happy	행복한, 기쁜	☐	357	soccer	축구	☐
322	sad	슬픈	☐	358	football	(미식) 축구	☐
323	angry	화난	☐	359	tennis	테니스	☐
324	mad	몹시 화난	☐	360	marathon	마라톤	☐
325	interesting	재미있는, 흥미로운	☐	361	swim	수영하다; 수영	☐
326	surprised	놀란, 놀라는	☐	362	skate	스케이트를 타다	☐
327	strange	이상한, 낯선	☐	363	ski	스키를 타다	☐
328	fond	좋아하는	☐	364	track	경주로, 트랙	☐
329	nervous	초조해하는, 긴장한	☐	365	race	경주; 경주하다	☐
330	wish	바라다; 소원	☐	366	court	경기장, 법정	☐
331	job	직업, 직장, 일자리	☐	367	medal	메달	☐
332	project	프로젝트, 과제	☐	368	win	(경기에서) 이기다, (메달을) 따다	☐
333	work	일하다; 일, 직장	☐	369	team	팀	☐
334	staff	직원	☐	370	player	운동선수	☐
335	role	역할	☐	371	roll	굴리다, 구르다	☐
336	company	회사, 동료	☐	372	throw	던지다	☐

373	catch	잡다	☐	411	sunrise	동틀 녘, 일출	☐
374	bounce	튀기다	☐	412	noon	한낮, 낮 12시	☐
375	pass	건네주다, 지나가다	☐	413	sunset	해 질 녘, 일몰	☐
376	shoot	(총을) 쏘다, (골에) 차다, 던지다	☐	414	tonight	오늘 밤; 오늘 밤에	☐
377	hit	치다	☐	415	for	~ 동안, ~를 위해	☐
378	kick	차다	☐	416	during	~ 동안 (내내)	☐
379	run	달리다	☐	417	new	새로운	☐
380	bend	구부리다	☐	418	old	옛날의	☐
381	money	돈	☐	419	slow	느린; 느리게	☐
382	get	얻다, 받다	☐	420	soon	곧	☐
383	give	주다	☐	421	arrive	도착하다	☐
384	coin	동전	☐	422	begin	시작하다	☐
385	bill	지폐, 계산서	☐	423	wait	기다리다	☐
386	cash	현금	☐	424	after	~후에	☐
387	check	수표; 확인하다	☐	425	before	~전에	☐
388	purse	(여성용) 작은 지갑	☐	426	early	이른; 일찍	☐
389	wallet	지갑	☐	427	late	늦은; 늦게	☐
390	put	놓다, 두다	☐	428	just	방금, 단지	☐
391	buy	사다, 사주다	☐	429	ahead	미리, 앞서, 앞으로	☐
392	pay	지불하다	☐	430	gap	차이, 간격	☐
393	borrow	빌리다	☐	431	front	앞쪽	☐
394	lend	빌려주다	☐	432	behind	~뒤에	☐
395	save	저축하다, 구하다	☐	433	under	~아래에	☐
396	waste	낭비하다; 쓰레기	☐	434	top	꼭대기	☐
397	allowance	용돈	☐	435	below	~보다 아래에	☐
398	change	거스름돈; 바꾸다	☐	436	above	~보다 위에	☐
399	counter	계산대	☐	437	between	(둘) 사이에	☐
400	credit card	신용 카드	☐	438	among	(셋 이상) 사이에	☐
401	now	지금, 이제	☐	439	beside	~옆에	☐
402	next	다음의	☐	440	around	~둘레에, ~주위에	☐
403	ago	(시간) 전에	☐	441	high	높은; 높이	☐
404	hour	시간, 1시간	☐	442	low	낮은; 낮게	☐
405	minute	분	☐	443	here	여기; 여기에	☐
406	clock	시계	☐	444	there	거기; 거기에	☐
407	o'clock	~시 (정각)	☐	445	middle	한가운데, 중앙	☐
408	past	과거	☐	446	center	한가운데, 중심	☐
409	present	현재, 지금, 선물	☐	447	far	멀리 떨어진; 멀리	☐
410	future	미래	☐	448	away	떨어져	☐

449	over	너머, 건너; ~위에	☐
450	end	끝; 끝내다	☐
451	Monday	월요일	☐
452	Tuesday	화요일	☐
453	Wednesday	수요일	☐
454	Thursday	목요일	☐
455	Friday	금요일	☐
456	Saturday	토요일	☐
457	Sunday	일요일	☐
458	yesterday	어제	☐
459	today	오늘	☐
460	tomorrow	내일	☐
461	date	(특정한) 날짜	☐
462	week	일주일	☐
463	weekday	평일	☐
464	weekend	주말	☐
465	birthday	생일	☐
466	New Year	새해	☐
467	Christmas	크리스마스	☐
468	Easter	부활절	☐
469	Thanksgiving	추수감사절	☐
470	Halloween	핼러윈	☐
471	forecast	(날씨) 예보	☐
472	chance	가능성, 기회	☐
473	sunny	화창한	☐
474	clear	맑은	☐
475	cloudy	흐린, 구름이 잔뜩 낀	☐
476	foggy	안개가 낀	☐
477	rainy	비가 많이 오는	☐
478	snowy	눈이 많이 내리는	☐
479	windy	바람이 많이 부는	☐
480	stormy	폭풍우가 몰아치는	☐
481	cold	추운, 차가운; 감기	☐
482	hot	더운, 뜨거운, 매운	☐
483	warm	따뜻한	☐
484	cool	시원한, 멋진	☐
485	dry	건조한; 말리다	☐
486	snowman	눈사람	☐

487	snow	눈; 눈이 오다	☐
488	wind	바람	☐
489	cover	덮다	☐
490	blow	(바람이) 불다	☐
491	storm	폭풍우	☐
492	thunder	천둥	☐
493	lightning	번개	☐
494	rainbow	무지개	☐
495	cloud	구름	☐
496	drop	떨어지다, 떨어뜨리다; (액체) 방울	☐
497	heat	더위, 열기	☐
498	ice	얼음	☐
499	rain	비; 비가 오다	☐
500	umbrella	우산	☐
501	piano	피아노	☐
502	drum	북, 드럼	☐
503	violin	바이올린	☐
504	cello	첼로	☐
505	guitar	기타	☐
506	xylophone	실로폰	☐
507	harp	하프	☐
508	flute	플루트	☐
509	trumpet	트럼펫	☐
510	recorder	리코더, 녹음기	☐
511	sing	노래하다	☐
512	song	노래	☐
513	loud	(소리가) 큰, 시끄러운	☐
514	voice	목소리	☐
515	orchestra	관현악단	☐
516	opera	오페라	☐
517	classical	클래식의	☐
518	band	밴드	☐
519	concert	연주회, 콘서트	☐
520	rhythm	리듬	☐
521	picture	그림, 사진	☐
522	poster	포스터	☐
523	paper	종이	☐
524	sketchbook	스케치북	☐

525	scissors	가위	☐	563	stone	돌	☐
526	glue	풀; 풀[접착제]로 붙이다	☐	564	sand	모래, 모래사장	☐
527	clay	찰흙	☐	565	rock	암석, 바위	☐
528	crayon	크레용	☐	566	shade	그늘	☐
529	palette	팔레트	☐	567	land	육지; 착륙하다	☐
530	paintbrush	붓	☐	568	wood	나무, 목재, 숲	☐
531	draw	그리다	☐	569	burn	(불에) 태우다, 타다	☐
532	color	색깔; 색칠하다	☐	570	flow	흐르다	☐
533	paint	(물감으로) 그리다, 페인트칠하다; 페인트	☐	571	king	왕	☐
534	cut	자르다	☐	572	queen	여왕	☐
535	paste	풀로 붙이다	☐	573	prince	왕자	☐
536	tear	찢다; 눈물	☐	574	princess	공주	☐
537	fold	접다	☐	575	crown	왕관	☐
538	collect	모으다, 수집하다	☐	576	emperor	황제	☐
539	sculpture	조각	☐	577	war	전쟁	☐
540	display	전시	☐	578	kingdom	왕국	☐
541	move	움직이다, 이동시키다	☐	579	palace	궁전, 궁궐	☐
542	exercise	운동; 운동하다	☐	580	tomb	무덤	☐
543	practice	연습; 연습하다	☐	581	world	세계, 세상	☐
544	jump	점프하다	☐	582	nation	국가, 나라	☐
545	hop	깡충깡충 뛰다	☐	583	map	지도	☐
546	march	행진하다	☐	584	continent	대륙	☐
547	step	스텝, 발걸음	☐	585	Asia	아시아	☐
548	dance	춤; 춤을 추다	☐	586	Europe	유럽	☐
549	climb	오르다	☐	587	Africa	아프리카	☐
550	dive	(물속으로 거꾸로) 뛰어들다	☐	588	thing	(사물을 가리키는) 것, 물건	☐
551	light	빛; 가벼운	☐	589	business	사업	☐
552	fire	불, 화재	☐	590	certain	확실한, 어떤, 확신하는	☐
553	air	공기, 공중	☐	591	act	행동하다	☐
554	energy	에너지	☐	592	also	또한, ~도	☐
555	type	종류, 유형	☐	593	kind	친절한; 종류	☐
556	nothing	아무것도 아닌 것	☐	594	brave	용감한	☐
557	compute	계산하다	☐	595	calm	침착한	☐
558	dream	꿈; 꿈을 꾸다	☐	596	positive	긍정적인	☐
559	wing	날개	☐	597	generous	너그러운	☐
560	sky	하늘	☐	598	stupid	어리석은	☐
561	birth	탄생	☐	599	shy	수줍음을 많이 타는	☐
562	death	죽음	☐	600	rude	예의 없는, 무례한	☐

601	math	수학	☐	637	market	시장	☐
602	music	음악	☐	638	church	교회	☐
603	art	미술, 예술	☐	639	temple	사원, 절	☐
604	P.E.	체육	☐	640	hospital	병원	☐
605	science	과학	☐	641	indoor	실내의	☐
606	history	역사	☐	642	outdoor	야외의	☐
607	social studies	사회 (과목)	☐	643	bottom	맨 아래 부분, 바닥	☐
608	health	보건, 건강	☐	644	office	사무실	☐
609	reading	읽기	☐	645	airport	공항	☐
610	listening	듣기	☐	646	gallery	미술관	☐
611	Korea	한국	☐	647	theater	극장	☐
612	China	중국	☐	648	bookstore	서점	☐
613	Japan	일본	☐	649	harbor	항구	☐
614	America	미국	☐	650	square	광장	☐
615	Mexico	멕시코	☐	651	right	오른쪽; 옳은, 오른쪽의	☐
616	England	영국	☐	652	left	왼쪽; 왼쪽의	☐
617	France	프랑스	☐	653	east	동쪽	☐
618	Spain	스페인	☐	654	west	서쪽	☐
619	Italy	이탈리아	☐	655	south	남쪽	☐
620	Germany	독일	☐	656	north	북쪽	☐
621	Korean	한국어, 한국 사람	☐	657	down	아래로	☐
622	Chinese	중국어, 중국 사람	☐	658	into	~안으로, ~속으로	☐
623	Japanese	일본어, 일본 사람	☐	659	across	가로질러; ~건너편에	☐
624	American	미국 사람	☐	660	along	~을 따라, ~와 함께	☐
625	Mexican	멕시코 사람	☐	661	turn	차례; 돌다, 돌리다	☐
626	English	영어	☐	662	return	돌아가다, 돌아오다	☐
627	French	프랑스어	☐	663	guide	안내하다	☐
628	Spanish	스페인어	☐	664	show	보여주다, 알려주다	☐
629	Italian	이탈리아어, 이탈리아 사람	☐	665	find	발견하다, 찾다	☐
630	German	독일어, 독일 사람	☐	666	miss	그리워하다, 놓치다	☐
631	place	곳, 장소; 놓다, 두다	☐	667	reach	닿다, 도착하다	☐
632	cafe	카페	☐	668	base	맨 아래 부분, 기초	☐
633	restaurant	식당, 음식점	☐	669	toward	~을 향하여	☐
634	order	주문하다, 명령하다	☐	670	near	~ 가까이, ~근처에	☐
635	park	공원; 주차하다	☐	671	month	달, 월	☐
636	zoo	동물원	☐	672	year	해, 년	☐

673	season	계절	☐	711	beach	해변, 바닷가	☐
674	spring	봄	☐	712	sunglasses	선글라스	☐
675	summer	여름	☐	713	firework	불꽃놀이	☐
676	autumn	가을	☐	714	hike	도보여행하다, 하이킹하다	☐
677	fall	가을; 떨어지다	☐	715	tent	텐트	☐
678	winter	겨울	☐	716	camp	야영지; 야영하다	☐
679	January	1월	☐	717	lamp	램프, 등	☐
680	February	2월	☐	718	picnic	소풍	☐
681	March	3월	☐	719	lake	호수	☐
682	April	4월	☐	720	pool	수영장	☐
683	May	5월	☐	721	event	행사, 사건	☐
684	June	6월	☐	722	party	파티	☐
685	July	7월	☐	723	festival	축제	☐
686	August	8월	☐	724	balloon	풍선	☐
687	September	9월	☐	725	mask	가면, 마스크	☐
688	October	10월	☐	726	candy	사탕	☐
689	November	11월	☐	727	card	카드	☐
690	December	12월	☐	728	invite	초대하다	☐
691	never	결코[절대] ~ 않다	☐	729	surprise	놀라게 하다; 놀라움	☐
692	sometimes	때때로, 가끔	☐	730	marry	결혼하다	☐
693	often	자주, 흔히	☐	731	host	(손님을 초대한) 주인; 주최하다	☐
694	usually	보통, 대개	☐	732	hug	껴안다; 포옹	☐
695	always	항상, 언제나	☐	733	handshake	악수	☐
696	time	~번, 때, 시간	☐	734	tea	차	☐
697	once	한 번	☐	735	snack	간식	☐
698	twice	두 번	☐	736	gift	선물	☐
699	almost	거의	☐	737	congratulate	축하하다	☐
700	usual	흔히 하는, 평상시의	☐	738	graduate	졸업하다	☐
701	holiday	휴가, 방학, 명절	☐	739	recreation	오락, 레크리에이션	☐
702	vacation	방학, 휴가	☐	740	wedding	결혼, 결혼식	☐
703	abroad	해외로	☐	741	eat	먹다	☐
704	travel	여행하다, 이동하다	☐	742	taste	맛; 맛이 ~하다	☐
705	trip	여행	☐	743	good	좋은	☐
706	enjoy	즐기다	☐	744	bad	안 좋은	☐
707	ticket	티켓, 표	☐	745	sweet	단, 달콤한	☐
708	rest	휴식; 쉬다	☐	746	salty	짠, 짭짤한	☐
709	hotel	호텔	☐	747	bitter	맛이 쓴	☐
710	parade	퍼레이드	☐	748	sour	신, 시큼한	☐

749	delicious	아주 맛있는	☐
750	spicy	양념 맛이 강한	☐
751	size	크기, 치수	☐
752	power	힘	☐
753	big	(치수가) 큰	☐
754	small	(크기가) 작은	☐
755	narrow	좁은	☐
756	wide	넓은	☐
757	tall	키가 큰, 높은	☐
758	short	키가 작은, (길이가) 짧은	☐
759	long	(길이가) 긴, 오래	☐
760	meter	미터	☐
761	thick	두꺼운	☐
762	thin	얇은, 가는	☐
763	tiny	아주 작은	☐
764	little	(크기·규모가) 작은	☐
765	great	(보통 이상으로) 큰, 아주 좋은	☐
766	large	(규모가) 큰	☐
767	huge	(크기가) 엄청난, 거대한	☐
768	grand	웅장한	☐
769	broad	(폭이) 넓은	☐
770	half	반, 절반	☐
771	many	많은; 많은 사람들	☐
772	much	많은; 많이	☐
773	any	(의문문) 얼마간의, (부정문) 조금도, 아무도	☐
774	some	(긍정문) 얼마간의, 약간의	☐
775	every	모든	☐
776	each	각각의; 각각	☐
777	few	약간의, 거의 없는	☐
778	several	몇 개의	☐
779	both	둘 다; 둘 다의	☐
780	double	두 배; 두 배의	☐
781	add	더하다	☐
782	all	모든; 모두	☐
783	part	일부, 약간, 부분	☐
784	full	가득한, 아주 많은	☐
785	heavy	(양이 보통보다) 많은, 무거운	☐
786	weight	무게	☐
787	height	높이, 키	☐
788	most	가장 많은, 대부분의	☐
789	only	유일한; 오직	☐
790	enough	충분한; 충분히	☐
791	wise	지혜로운, 현명한	☐
792	smart	영리한, 똑똑한	☐
793	clever	영리한, 똑똑한	☐
794	quiet	말이 별로 없는, 조용한	☐
795	mild	순한, 온화한	☐
796	honest	정직한	☐
797	active	활동적인, 적극적인	☐
798	lazy	게으른	☐
799	fool	바보; 어리석은	☐
800	selfish	이기적인	☐
801	pretty	예쁜; 꽤	☐
802	handsome	잘생긴	☐
803	beauty	아름다움, 미인	☐
804	ugly	못생긴, 보기 싫은	☐
805	beautiful	아름다운	☐
806	cute	귀여운	☐
807	lovely	사랑스러운, 어여쁜	☐
808	charming	매력적인	☐
809	elegant	우아한	☐
810	than	~보다	☐
811	image	이미지	☐
812	slim	날씬한	☐
813	fat	뚱뚱한	☐
814	stout	(사람이) 통통한	☐
815	curly	곱슬곱슬한	☐
816	bald	대머리의	☐
817	splendid	아주 좋은	☐
818	vivid	(빛·색이) 선명한, 밝은	☐
819	brilliant	(빛·색이) 아주 선명한, (재능이) 뛰어난	☐
820	colorful	다채로운	☐
821	shape	모양, 형태	☐
822	rectangle	직사각형	☐
823	oval	타원형; 타원형의	☐
824	circle	동그라미, 원	☐

825	triangle	삼각형	☐
826	heart	하트 (모양), 심장	☐
827	arrow	화살, 화살표	☐
828	round	둥근, 원형의	☐
829	flat	평평한, 편평한	☐
830	straight	곧은, 똑바른	☐
831	see	보다, 보이다, 이해하다	☐
832	look	(집중하여) 보다, 보이다	☐
833	watch	(집중하여 일정 기간) 보다	☐
834	hear	듣다, 들리다	☐
835	listen	(귀 기울여) 듣다	☐
836	sound	소리; ~처럼 들리다	☐
837	smell	냄새; 냄새가 나다	☐
838	touch	만지다; 촉각	☐
839	feel	느껴지다, (특정한 기분이) 들다	☐
840	soft	부드러운, 푹신한	☐
841	solid	단단한	☐
842	smooth	매끄러운	☐
843	rough	거친	☐
844	sticky	끈적거리는	☐
845	tight	(옷이) 딱 붙는, 갑갑한	☐
846	loose	느슨한, 헐거운	☐
847	sharp	날카로운	☐
848	weak	(소리 · 빛 등이) 약한	☐
849	comfortable	(신체적으로) 편안한	☐
850	wet	젖은	☐
851	first	첫 번째의	☐
852	second	두 번째의	☐
853	third	세 번째의	☐
854	fourth	네 번째의	☐
855	fifth	다섯 번째의	☐
856	sixth	여섯 번째의	☐
857	seventh	일곱 번째의	☐
858	eighth	여덟 번째의	☐
859	ninth	아홉 번째의	☐
860	tenth	열 번째의	☐
861	eleventh	열한 번째의	☐
862	twelfth	열두 번째의	☐
863	thirteenth	열세 번째의	☐
864	fourteenth	열네 번째의	☐
865	fifteenth	열다섯 번째의	☐
866	sixteenth	열여섯 번째의	☐
867	seventeenth	열일곱 번째의	☐
868	eighteenth	열여덟 번째의	☐
869	nineteenth	열아홉 번째의	☐
870	twentieth	스무 번째의	☐
871	poor	가난한, 불쌍한	☐
872	rich	돈 많은, 부자인	☐
873	cheap	값싼	☐
874	expensive	값비싼	☐
875	difficult	어려운	☐
876	easy	쉬운	☐
877	with	~와 함께, ~을 가진	☐
878	without	~없이	☐
879	ready	준비가 된	☐
880	free	자유로운, 한가한, 무료의	☐
881	sleepy	졸린	☐
882	tired	피곤한, 지친	☐
883	alone	혼자	☐
884	strong	튼튼한, 강한	☐
885	young	어린, 젊은	☐
886	deep	깊은	☐
887	dirty	더러운, 지저분한	☐
888	hungry	배고픈	☐
889	thirsty	목마른	☐
890	last	마지막의, 지난	☐
891	become	~이 되다	☐
892	fast	(움직임이) 빠른; 빨리	☐
893	quick	(재)빠른	☐
894	blind	눈이 먼	☐
895	deaf	귀가 먼	☐
896	dumb	말을 못하는	☐
897	true	사실인, 진실인	☐
898	real	진짜의, 실제의	☐
899	famous	유명한	☐
900	popular	인기 있는	☐

901	introduce	소개하다	☐
902	spell	철자를 쓰다[말하다]	☐
903	family name	성(姓)	☐
904	first name	(성이 아닌) 이름	☐
905	live	(특정 장소에) 살다	☐
906	address	주소	☐
907	favorite	매우 좋아하는	☐
908	hobby	취미	☐
909	habit	습관, 버릇	☐
910	grade	학년	☐
911	town	(소)도시, 시내, 동네	☐
912	city	도시, 시	☐
913	downtown	시내에, 시내로	☐
914	traffic light	신호등	☐
915	bus stop	버스 정류장	☐
916	shop	가게; 쇼핑하다	☐
917	city hall	시청	☐
918	national park	국립공원	☐
919	gas station	주유소	☐
920	parking lot	주차장	☐
921	area	지역, 구역	☐
922	village	(시골) 마을	☐
923	country	나라, 시골	☐
924	field	들판, 밭	☐
925	farm	농장	☐
926	bridge	다리	☐
927	sign	표지판; 서명하다	☐
928	crossroad	교차로, 네거리	☐
929	factory	공장	☐
930	tower	탑	☐
931	build	짓다, 건설하다	☐
932	building	건물	☐
933	inside	~안으로; 내부	☐
934	outside	바깥쪽; 바깥의; 바깥에서	☐
935	apartment	아파트	☐
936	bank	은행	☐

937	museum	박물관, 미술관	☐
938	fire station	소방서	☐
939	police station	경찰서	☐
940	post office	우체국	☐
941	cross	건너다, 가로지르다	☐
942	accident	(특히 자동차) 사고	☐
943	way	길, 방법	☐
944	road	(차가 다니는) 도로, 길	☐
945	sidewalk	보도, 인도	☐
946	street	거리, 도로, 가(街)	☐
947	side	쪽, 옆면	☐
948	corner	모퉁이	☐
949	crosswalk	횡단보도	☐
950	highway	고속도로	☐
951	car	자동차	☐
952	truck	트럭	☐
953	drive	운전하다	☐
954	bus	버스	☐
955	taxi	택시	☐
956	passenger	승객	☐
957	take	가져가다, 데려가다, (차를) 타다	☐
958	bike	자전거	☐
959	helmet	헬멧	☐
960	ride	(자전거 등을) 타다	☐
961	vehicle	탈 것	☐
962	train	기차	☐
963	subway	지하철	☐
964	hurry	서두름; 서두르다	☐
965	carry	~을 나르다	☐
966	station	(기차)역	☐
967	service	서비스, 봉사	☐
968	ambulance	구급차	☐
969	fire engine	소방차	☐
970	police car	경찰차	☐
971	boat	(작은) 배, 보트	☐
972	ship	(큰) 배, 선박	☐

973	yacht	요트	☐
974	sail	항해하다	☐
975	airplane	비행기	☐
976	helicopter	헬리콥터	☐
977	jet	제트기	☐
978	speed	속도	☐
979	fuel	연료	☐
980	gas	가스, 기체, 휘발유	☐
981	game	게임, 경기	☐
982	hunt	사냥하다	☐
983	Internet	인터넷	☐
984	film	영화; 촬영하다	☐
985	movie	영화	☐
986	drama	드라마, 극	☐
987	photo	사진	☐
988	magic	마술	☐
989	stamp	우표	☐
990	album	앨범, 사진첩	☐
991	relax	휴식을 취하다	☐
992	stay	머무르다, 지내다	☐
993	visit	방문하다	☐
994	bake	(음식을) 굽다	☐
995	compose	작곡하다	☐
996	invent	발명하다	☐
997	surf	파도타기를 하다, 인터넷을 검색하다	☐
998	fishing	낚시	☐
999	magazine	잡지	☐
1000	match	경기, 시합	☐
1001	stand	서다, 일어서다	☐
1002	sit	앉다	☐
1003	help	돕다; 도움	☐
1004	close	닫다, (책을) 덮다; 가까운	☐
1005	open	열다, (책을) 펴다; 열린	☐
1006	share	함께 쓰다, 나누다	☐
1007	ask	묻다, 부탁하다	☐
1008	read	읽다	☐
1009	write	쓰다	☐
1010	guess	추측하다, 알아맞히다; 추측	☐

1011	question	질문, 문제	☐
1012	answer	대답, 대답하다	☐
1013	learn	배우다	☐
1014	repeat	반복하다	☐
1015	note	메모, 필기	☐
1016	line	줄, 선	☐
1017	memory	기억, 기억력	☐
1018	absent	결석한	☐
1019	group	모둠, 단체	☐
1020	member	회원, 구성원	☐
1021	form	서식, 양식	☐
1022	grocery store	식료품 가게	☐
1023	sell	팔다	☐
1024	cost	(비용이) ~이다[들다]	☐
1025	store	가게, 상점	☐
1026	clerk	점원, 직원	☐
1027	customer	고객	☐
1028	design	디자인; 디자인하다	☐
1029	refund	환불(금); 환불하다	☐
1030	exchange	교환; 교환하다	☐
1031	medicine	약, 의학	☐
1032	pill	알약	☐
1033	fit	(몸이) 건강한	☐
1034	sick	아픈, 병든	☐
1035	pale	창백한, 핼쑥한	☐
1036	fever	열	☐
1037	cough	기침; 기침하다	☐
1038	sneeze	재채기; 재채기하다	☐
1039	blood	피, 혈액	☐
1040	bone	뼈	☐
1041	keep	유지하다, 지키다	☐
1042	healthy	건강한, 건강에 좋은	☐
1043	well	건강한; 잘	☐
1044	patient	환자; 참을성 있는	☐
1045	problem	문제	☐
1046	serious	심각한	☐
1047	ache	(계속적인) 아픔; 아프다	☐
1048	headache	두통	☐

1049	toothache	치통	☐
1050	stomachache	위통, 복통	☐
1051	earth	지구, 땅	☐
1052	island	섬	☐
1053	cave	동굴	☐
1054	volcano	화산	☐
1055	earthquake	지진	☐
1056	desert	사막	☐
1057	mountain	산	☐
1058	hill	언덕	☐
1059	jungle	밀림, 정글	☐
1060	forest	숲, 삼림	☐
1061	nature	자연	☐
1062	soil	토양, 흙	☐
1063	mud	진흙, 진흙탕	☐
1064	dust	먼지	☐
1065	sea	바다	☐
1066	ocean	대양, 바다	☐
1067	wave	파도	☐
1068	river	강	☐
1069	stream	개울, 시내	☐
1070	valley	계곡, 골짜기	☐
1071	space	우주, 공간	☐
1072	sun	해, 태양	☐
1073	moon	달, (지구 외 행성의) 위성	☐
1074	star	별, 항성	☐
1075	planet	행성	☐
1076	float	떠가다, 뜨다	☐
1077	rocket	로켓	☐
1078	spaceship	우주선	☐
1079	astronaut	우주 비행사	☐
1080	satellite	인공위성, (행성의) 위성	☐
1081	story	이야기	☐
1082	tale	(옛) 이야기	☐
1083	sentence	문장	☐
1084	point	요점; 가리키다	☐
1085	about	~에 대해; 대략	☐
1086	style	스타일, 유행	☐

1087	author	작가, 저자	☐
1088	comic	우스꽝스러운, 희극의	☐
1089	humor	유머, 익살	☐
1090	joke	농담	☐
1091	hero	영웅, 남자 주인공	☐
1092	dragon	용	☐
1093	giant	거인; 거대한	☐
1094	dwarf	난쟁이	☐
1095	witch	마녀	☐
1096	wizard	마법사	☐
1097	angel	천사	☐
1098	god	신	☐
1099	ghost	유령, 귀신	☐
1100	life	삶, 인생, 생명	☐
1101	phone	전화(기)	☐
1102	cell phone	휴대전화	☐
1103	mobile	이동식의	☐
1104	ring	전화가 울리다; 반지, 고리	☐
1105	speak	이야기하다, 말하다	☐
1106	signal	신호	☐
1107	moment	잠깐, 잠시	☐
1108	busy	바쁜, 통화 중인	☐
1109	already	이미, 벌써	☐
1110	again	또, 다시	☐
1111	battery	배터리, 건전지	☐
1112	charge	충전하다; 요금	☐
1113	dead	작동 안 하는, 죽은	☐
1114	call	전화 (통화); 전화하다, 부르다	☐
1115	number	(전화)번호, 숫자	☐
1116	text	(휴대전화로) 문자를 보내다	☐
1117	message	메시지, 문자	☐
1118	leave	남기고 가다, 떠나다	☐
1119	send	보내다	☐
1120	wrong	잘못된	☐
1121	radio	라디오	☐
1122	newspaper	신문	☐
1123	network	방송망	☐
1124	website	웹사이트	☐

1125	print	인쇄하다	☐	1163	proud	자랑스러운	☐
1126	information	정보	☐	1164	special	특별한	☐
1127	fact	사실	☐	1165	best	최고; 최고의; 가장 잘	☐
1128	program	프로그램, 프로	☐	1166	excellent	훌륭한	☐
1129	news	뉴스, 소식	☐	1167	fantastic	환상적인	☐
1130	cartoon	만화, 만화 영화	☐	1168	thank	고마워하다	☐
1131	culture	문화	☐	1169	very	매우	☐
1132	matter	문제	☐	1170	try	시도하다, 노력하다, 먹어 보다	☐
1133	speech	연설	☐	1171	agree	동의하다	☐
1134	case	경우, 사건, 상자	☐	1172	decide	결정하다, 결심하다	☐
1135	record	녹화하다, 녹음하다	☐	1173	believe	믿다, 생각하다	☐
1136	guest	게스트, 특별 출연자	☐	1174	discuss	~에 대해 의논하다	☐
1137	perform	공연하다	☐	1175	dialogue	대화	☐
1138	announcer	방송 진행자, 아나운서	☐	1176	focus	집중하다; 초점	☐
1139	reporter	(보도) 기자	☐	1177	issue	주제, 안건, 문제	☐
1140	audience	시청자, 청중	☐	1178	against	~에 반대하여, ~에 대항하여	☐
1141	enter	들어가다, 들어오다	☐	1179	however	하지만	☐
1142	pull	당기다	☐	1180	because	~때문에, ~해서	☐
1143	push	밀다, 누르다	☐	1181	condition	상태, 조건	☐
1144	pick	꺾다, 따다	☐	1182	same	(똑)같은	☐
1145	shout	소리치다	☐	1183	different	다른	☐
1146	careful	조심하는	☐	1184	sure	확신하는	☐
1147	sale	판매, 할인 판매	☐	1185	main	가장 큰, 주된	☐
1148	noise	소음	☐	1186	fresh	신선한	☐
1149	danger	위험	☐	1187	bright	밝은	☐
1150	campaign	캠페인	☐	1188	dark	어두운, 짙은	☐
1151	idea	생각, 아이디어	☐	1189	sore	아픈, 따가운	☐
1152	opinion	의견, 견해	☐	1190	together	함께, 같이	☐
1153	plan	계획; 계획하다	☐	1191	important	중요한	☐
1154	think	생각하다	☐	1192	helpful	도움이 되는	☐
1155	say	말하다	☐	1193	safe	안전한	☐
1156	tell	말하다	☐	1194	silent	조용한	☐
1157	talk	말하다	☐	1195	alright	괜찮은, 받아들일 만한	☐
1158	another	또 하나; 또 하나의	☐	1196	aloud	소리내어, 큰 소리로	☐
1159	care	돌봄; 돌보다, 마음을 쓰다	☐	1197	please	기쁘게 하다; 제발	☐
1160	mind	신경, 생각; 언짢아하다	☐	1198	control	조절하다, 통제하다	☐
1161	example	본보기, 예시	☐	1199	hold	잡다, (회의를) 열다	☐
1162	praise	칭찬; 칭찬하다	☐	1200	fail	실패하다	☐

Words Preview

다음은 Day 01에서 짚어볼 28개의 영어 단어입니다. 각각의 단어는 Level 1 ~ Level 4의 순서로
나열되어 있습니다. 각각의 단어를 잘 듣고 소리 내어 따라하세요.

Level 1 0001	Level 1 0008	Level 1 0026	Level 1 0045
meet	**nice**	**uncle**	**bird**
만나다	좋은, 멋진, 친절한	삼촌, 고모부, 이모부, 아저씨	새

Level 1 0046	Level 1 0053	Level 1 0070	Level 1 0071
snake	**tiger**	**tail**	**tree**
뱀	호랑이	꼬리	나무

Level 1 0114	Level 1 0194	Level 1 0230	Level 1 0251
cheese	**red**	**computer**	**wake**
치즈	빨간색; 빨간	컴퓨터	(잠에서) 깨다[일어나다], 깨우다

Level 1 0280	Level 2 0361	Level 2 0373	Level 2 0391
use	**swim**	**catch**	**buy**
사용하다	수영하다; 수영	잡다	사다, 사주다

Level 2 0406	Level 2 0407	Level 2 0419	Level 3 0759
clock	**o'clock**	**slow**	**long**
시계	~시 (정각)	느린; 느리게	(길이가) 긴; 오래

Level 3 0806	Level 3 0816	Level 3 0837	Level 4 1007
cute	**bald**	**smell**	**ask**
귀여운	대머리의	냄새; 냄새가 나다	묻다, 부탁하다

Level 4 1043	Level 4 1072	Level 4 1074	Level 4 1152
well	**sun**	**star**	**opinion**
건강한; 잘	해, 태양	별, 항성	의견, 견해

다음 문장을 잘 들은 후, 써보며 문장의 뜻을 이해합니다.

Words Check

1 The **sun** is a **star**.
태양은 항성이다.
➡ _____

☐ sun 몡 해, 태양
☐ star 몡 별, 항성

2 The **clock** is **slow**.
그 시계는 느리다.
➡ _____

☐ clock 몡 시계
☐ slow 혱 느린

3 My **uncle** is **bald**.
나의 삼촌은 대머리이다.
➡ _____

☐ uncle 몡 삼촌
☐ bald 혱 대머리의

4 The baby **tiger** is **cute**.
그 새끼 호랑이는 귀엽다.
➡ _____

☐ tiger 몡 호랑이
☐ cute 혱 귀여운

5 They **buy red** tulips.
그들은 빨간 튤립들을 산다.
➡ _____

☐ buy 동 사다
☐ red 혱 빨간

6 The monkey has a **long tail**.
그 원숭이는 꼬리가 길다.
➡ _____

☐ long 혱 (길이가) 긴
☐ tail 몡 꼬리

7 A **snake** is in the **tree**.
뱀 한 마리가 나무에 있다.
➡ _____

☐ snake 몡 뱀
☐ tree 몡 나무

8 He can **catch birds**.

그는 새들을 잡을 수 있다.

➡ _____

9 A frog can **swim well**.

개구리는 수영을 잘 할 수 있다.

➡ _____

10 You can **use** my **computer**.

너는 내 컴퓨터를 써도 돼.

➡ _____

11 This **cheese smells** good.

이 치즈는 좋은 냄새가 난다.

➡ _____

12 **Nice** to **meet** you.

너를 만나서 반가워.

➡ _____

13 Can I **ask** about your **opinion**?

내가 너의 의견에 대해 물어봐도 될까?

➡ _____

14 I **wake** up at 6 **o'clock** in the morning.

나는 오전 6시 정각에 일어난다.

➡ _____

☐ catch 통 잡다
☐ bird 명 새

☐ swim 통 수영하다
☐ well 부 잘

☐ use 통 사용하다
☐ computer 명 컴퓨터

☐ cheese 명 치즈
☐ smell 통 냄새가 나다

☐ nice 형 좋은
☐ meet 통 만나다

☐ ask 통 묻다
☐ opinion 명 의견, 견해

☐ wake 통 (잠에서) 깨다[일어나다]
☐ o'clock 부 ~시 (정각)

A 다음 문장을 잘 듣고, 빈칸에 알맞은 말을 써넣으세요.

1 The sun is a _____ .

2 This cheese _____ good.

3 He can _____ birds.

4 A _____ is in the tree.

5 My uncle is _____ .

6 They _____ red tulips.

7 The baby tiger is _____ .

B 다음 괄호 안에서 알맞은 말을 고르세요.

1 The clock is (well / slow / use).

2 A frog can swim (bald / nice / well).

3 You can (use / well / long) my computer.

4 Nice to (smell / meet / wake) you.

5 Can I (catch / slow / ask) about your opinion?

6 I (wake / bald / meet) up at 6 o'clock in the morning.

7 The monkey has a (long / slow / bald) tail.

C 다음 문장을 우리말로 옮기세요.

1 Nice to meet you.

➡ _____

2 The monkey has a long tail.

➡ _____

3 Can I ask about your opinion?

➡ _____

4 I wake up at six o'clock in the morning.

➡ _____

D 다음 우리말을 영어로 옮길 때, 빈칸에 필요한 말을 보기 에서 골라 써넣으세요. (중복 사용 가능)

보기

| catch | good | smells | well | slow | uncle | bald |
| cheese | use | birds | nice | computer | clock | ask |

1 그는 새들을 잡을 수 있다.

➡ He can _____ _____.

2 이 치즈는 좋은 냄새가 난다.

➡ This _____ _____ _____.

3 너는 내 컴퓨터를 써도 된다.

➡ You can _____ my _____.

4 그 시계는 느리다.

➡ The _____ is _____.

Quick Check

● 다음의 알파벳으로 시작하는 우리말에 맞는 영단어를 쓰세요.

1 m_____ 만나다	2 n_____ 좋은, 멋진, 친절한	3 u_____ 삼촌, 고모부, 이모부, 아저씨	4 b_____ 새
5 s_____ 뱀	6 t_____ 호랑이	7 t_____ 꼬리	8 t_____ 나무
9 c_____ 치즈	10 r_____ 빨간색; 빨간	11 c_____ 컴퓨터	12 w_____ 깨다[일어나다], 깨우다
13 u_____ 사용하다	14 s_____ 수영하다; 수영	15 c_____ 잡다	16 b_____ 사다, 사주다
17 c_____ 시계	18 o'_____ ~시 (정각)	19 s_____ 느린; 느리게	20 l_____ 긴; 오래
21 c_____ 귀여운	22 b_____ 대머리의	23 s_____ 냄새; 냄새가 나다	24 a_____ 묻다, 부탁하다
25 w_____ 건강한; 잘	26 s_____ 해, 태양	27 s_____ 별, 항성	28 o_____ 의견, 견해

정답 >> p60

Words Preview

다음은 Day 02에서 짚어볼 28개의 영어 단어입니다. 각각의 단어는 Level 1 ~ Level 4의 순서로
나열되어 있습니다. 각각의 단어를 잘 듣고 소리 내어 따라하세요.

Level 1 0075	Level 1 0078	Level 1 0132	Level 1 0148
flower 꽃	**bush** 덤불	**clothes** 옷	**gloves** 장갑

Level 1 0170	Level 1 0242	Level 2 0345	Level 2 0355
skin 피부	**clean** 청소하다; 깨끗한	**actor** 배우	**basketball** 농구

Level 2 0417	Level 2 0426	Level 2 0453	Level 2 0459
new 새로운	**early** 이른; 일찍	**Wednesday** 수요일	**today** 오늘

Level 2 0485	Level 2 0599	Level 3 0633	Level 3 0714
dry 건조한; 말리다	**shy** 수줍음을 많이 타는	**restaurant** 식당, 음식점	**hike** 도보여행하다, 하이킹하다

Level 3 0756	Level 3 0794	Level 3 0876	Level 3 0887
wide 넓은	**quiet** 말이 별로 없는, 조용한	**easy** 쉬운	**dirty** 더러운, 지저분한

Level 3 0898	Level 3 0899	Level 4 0907	Level 4 1004
real 진짜의, 실제의	**famous** 유명한	**favorite** 매우 좋아하는	**close** 닫다, (책을) 덮다; 가까운

Level 4 1011	Level 4 1014	Level 4 1057	Level 4 1068
question 질문, 문제	**repeat** 반복하다	**mountain** 산	**river** 강

다음 문장을 잘 들은 후, 써보며 문장의 뜻을 이해합니다.

1 The **river** is very **wide**.
그 강은 매우 넓다.

➡ _____

2 Are those **real flowers**?
저것들은 진짜 꽃이니?

➡ _____

3 His brother is a **famous actor**.
그의 형은 유명한 배우이다.

➡ _____

4 The boy is **quiet** and **shy**.
그 소년은 조용하고 수줍음을 많이 탄다.

➡ _____

5 His **skin** is red and **dry**.
그의 피부는 붉고 건조하다.

➡ _____

6 I will buy **new clothes**.
나는 새 옷을 살 것이다.

➡ _____

7 **Wednesday** is my **favorite** day.
수요일은 내가 가장 좋아하는 요일이다.

➡ _____

☑ **Words Check**

☐ river 명 강
☐ wide 형 넓은

☐ real 형 진짜의, 실제의
☐ flower 명 꽃

☐ famous 형 유명한
☐ actor 명 배우

☐ quiet 형 말이 별로 없는, 조용한
☐ shy 형 수줍음을 많이 타는

☐ skin 명 피부
☐ dry 형 건조한

☐ new 형 새로운
☐ clothes 명 옷

☐ Wednesday 명 수요일
☐ favorite 형 매우 좋아하는

8 Basketball is not an **easy** sport.
농구는 쉬운 스포츠가 아니다.

→ _____

9 They **clean** the **dirty** room.
그들은 그 더러운 방을 청소한다.

→ _____

10 I will go to bed **early today**.
나는 오늘 일찍 잘 것이다.

→ _____

11 Can you **repeat** the **question**?
그 질문을 반복해주겠니?

→ _____

12 We can **hike** in the **mountains**.
우리는 산에서 도보여행을 할 수 있다.

→ _____

13 His **gloves** are in the **bush**.
그의 장갑들은 덤불 속에 있다.

→ _____

14 This **restaurant closes** at 7 o'clock.
이 식당은 7시 정각에 문을 닫는다.

→ _____

☑ Words Check

☐ basketball 명 농구
☐ easy 형 쉬운

☐ clean 동 청소하다
☐ dirty 형 더러운, 지저분한

☐ early 부 일찍
☐ today 부 오늘

☐ repeat 동 반복하다
☐ question 명 질문, 문제

☐ hike 동 도보여행하다,
하이킹하다
☐ mountain 명 산

☐ gloves 명 장갑
☐ bush 명 덤불

☐ restaurant 명 식당,
음식점
☐ close 동 닫다

A 다음 문장을 잘 듣고, 빈칸에 알맞은 말을 써넣으세요.

1 The river is very _____ .

2 The boy is _____ and shy.

3 _____ is my favorite day.

4 They clean the _____ room.

5 I will buy new _____ .

6 His gloves are in the _____ .

7 This _____ closes at 7 o'clock.

B 다음 괄호 안에서 알맞은 말을 고르세요.

1 His brother is a(n) (early / hike / famous) actor.

2 Basketball is not a(n) (dry / easy / shy) sport.

3 We can (repeat / hike / wide) in the mountains.

4 Are those (real / quiet / close) flowers?

5 I will go to bed (famous / bush / early) today.

6 Can you (clean / repeat / real) the question?

7 His skin is red and (dry / favorite / easy).

C 다음 문장을 우리말로 옮기세요.

1 The boy is quiet and shy.

➡ _____

2 I will go to bed early today.

➡ _____

3 We can hike in the mountains.

➡ _____

4 This restaurant closes at 7 o'clock.

➡ _____

D 다음 우리말을 영어로 옮길 때, 빈칸에 필요한 말을 보기 에서 골라 써넣으세요. (중복 사용 가능)

보기

| wide | actor | room | real | famous | favorite | shy |
| dirty | flowers | Wednesday | clean | early | brother | day |

1 저것들은 진짜 꽃이니?

➡ Are those _____ _____?

2 그의 형은 유명한 배우이다.

➡ His _____ is a _____ _____.

3 그들은 그 더러운 방을 청소한다.

➡ They _____ the _____ _____.

4 수요일은 내가 가장 좋아하는 요일이다.

➡ _____ is my _____ _____.

 **Quick Check**

● 다음의 알파벳으로 시작하는 우리말에 맞는 영단어를 쓰세요.

1 **f**_____ 꽃	2 **b**_____ 덤불	3 **c**_____ 옷	4 **g**_____ 장갑
5 **s**_____ 피부	6 **c**_____ 청소하다; 깨끗한	7 **a**_____ 배우	8 **b**_____ 농구
9 **n**_____ 새로운	10 **e**_____ 이른; 일찍	11 **W**_____ 수요일	12 **t**_____ 오늘
13 **d**_____ 건조한; 말리다	14 **s**_____ 수줍음을 많이 타는	15 **r**_____ 식당, 음식점	16 **h**_____ 도보여행하다, 하이킹하다
17 **w**_____ 넓은	18 **q**_____ 말이 별로 없는, 조용한	19 **e**_____ 쉬운	20 **d**_____ 더러운, 지저분한
21 **r**_____ 진짜의, 실제의	22 **f**_____ 유명한	23 **f**_____ 매우 좋아하는	24 **c**_____ 닫다, (책을) 덮다; 가까운
25 **q**_____ 질문, 문제	26 **r**_____ 반복하다	27 **m**_____ 산	28 **r**_____ 강

정답 >> p60

DAY 03 Words Preview

다음은 Day 03에서 짚어볼 28개의 영어 단어입니다. 각각의 단어는 Level 1 ~ Level 4의 순서로
나열되어 있습니다. 각각의 단어를 잘 듣고 소리 내어 따라하세요.

Level 1 0074	Level 1 0121	Level 1 0125	Level 1 0201
leaf	**dinner**	**meat**	**house**
잎, 나뭇잎	저녁 식사	고기, 육류	집

Level 1 0202	Level 1 0204	Level 1 0222	Level 1 0224
door	**ceiling**	**soap**	**key**
문	천장	비누	열쇠

Level 1 0234	Level 1 0243	Level 1 0274	Level 1 0279
knife	**wash**	**library**	**join**
칼, 나이프	닦다, 씻다	도서관	함께 하다, (동아리에) 가입하다

Level 2 0306	Level 2 0316	Level 2 0375	Level 2 0460
boring	**hate**	**pass**	**tomorrow**
재미없는, 지루한	몹시 싫어하다, 미워하다; 증오	건네주다, 지나가다	내일

Level 2 0465	Level 2 0532	Level 2 0559	Level 3 0667
birthday	**color**	**wing**	**reach**
생일	색깔; 색칠하다	날개	닿다, 도착하다

Level 3 0746	Level 3 0749	Level 3 0754	Level 3 0798
salty	**delicious**	**small**	**lazy**
짠, 짭짤한	맛있는	(크기가) 작은	게으른

Level 3 0805	Level 4 0999	Level 4 1005	Level 4 1133
beautiful	**magazine**	**open**	**speech**
아름다운	잡지	열다, (책을) 펴다; 열린	연설

Words in Sentences

🗨 다음 문장을 잘 들은 후, 써보며 문장의 뜻을 이해합니다.

Words Check

1 What **color** is the **leaf**?
그 나뭇잎은 무슨 색이니?

➡ _____

☐ color 명 색깔
☐ leaf 명 잎, 나뭇잎

2 I **hate lazy** people.
나는 게으른 사람들을 몹시 싫어한다.

➡ _____

☐ hate 통 몹시 싫어하다, 미워하다
☐ lazy 형 게으른

3 The **library opens** at 9 o'clock.
그 도서관은 9시 정각에 문을 연다.

➡ _____

☐ library 명 도서관
☐ open 통 열다

4 They open the **door** with a **key**.
그들은 열쇠로 그 문을 연다.

➡ _____

☐ door 명 문
☐ key 명 열쇠

5 The bird has **beautiful wings**.
그 새는 아름다운 날개들을 가지고 있다.

➡ _____

☐ beautiful 형 아름다운
☐ wing 명 날개

6 This **house** is **small** and dirty.
이 집은 작고 더럽다.

➡ _____

☐ house 명 집
☐ small 형 (크기가) 작은

7 Will you **join** us for **dinner**?
너 우리와 저녁 식사 함께 할래?

➡ _____

☐ join 통 함께 하다
☐ dinner 명 저녁 식사

8 **Tomorrow** is my father's **birthday**.
내일은 나의 아버지의 생신이다.

➡ _____

- [ ] tomorrow 명 내일
- [ ] birthday 명 생일

9 Can you **reach** the **ceiling**?
너는 천장에 닿을 수 있니?

➡ _____

- [ ] reach 동 닿다, 도착하다
- [ ] ceiling 명 천장

10 His **speech** is **boring**.
그의 연설은 지루하다.

➡ _____

- [ ] speech 명 연설
- [ ] boring 형 재미없는, 지루한

11 **Pass** me the **magazine**, please.
저에게 그 잡지를 건네주세요.

➡ _____

- [ ] pass 동 건네주다
- [ ] magazine 명 잡지

12 **Wash** your hands with **soap**.
너의 손을 비누로 씻어라.

➡ _____

- [ ] wash 동 씻다
- [ ] soap 명 비누

13 This soup is **salty** but **delicious**.
이 수프는 짜지만 맛있다.

➡ _____

- [ ] salty 형 짠, 짭짤한
- [ ] delicious 형 맛있는

14 We cut **meat** with a **knife**.
우리는 칼로 고기를 자른다.

➡ _____

- [ ] meat 명 고기, 육류
- [ ] knife 명 칼, 나이프

A 다음 문장을 잘 듣고, 빈칸에 알맞은 말을 써넣으세요.

1 I hate _____ people.

2 Will you _____ us for dinner?

3 Wash your hands with _____ .

4 We cut _____ with a knife.

5 Pass me the _____ , please.

6 _____ is my father's birthday.

7 What color is the _____ ?

B 다음 괄호 안에서 알맞은 말을 고르세요.

1 His speech is (lazy / meat / boring).

2 They open the door with a (key / join / soap).

3 The library (joins / opens / hands) at 9 o'clock.

4 This soup is salty but (hate / lazy / delicious).

5 Can you (reach / join / speech) the ceiling?

6 The bird has beautiful (pass / dinner / wings).

7 This house is (reach / small / boring) and dirty.

C 다음 문장을 우리말로 옮기세요.

1 Will you join us for dinner?

→ _____

2 Can you reach the ceiling?

→ _____

3 We cut meat with a knife.

→ _____

4 They open the door with a key.

→ _____

D 다음 우리말을 영어로 옮길 때, 빈칸에 필요한 말을 보기에서 골라 써넣으세요. (중복 사용 가능)

보기

soap	library	salty	soup	opens	dirty	what
small	color	hate	o'clock	leaf	house	delicious

1 그 나뭇잎은 무슨 색이니?

→ _____ _____ is the _____?

2 그 도서관은 9시 정각에 문을 연다.

→ The _____ _____ at 9 _____.

3 이 집은 작고 더럽다.

→ This _____ is _____ and _____.

4 이 수프는 짜지만 맛있다.

→ This _____ is _____ but _____.

Quick Check

● 다음의 알파벳으로 시작하는 우리말에 맞는 영단어를 쓰세요.

1 l_____ 잎, 나뭇잎	2 d_____ 저녁 식사	3 m_____ 고기, 육류	4 h_____ 집
5 d_____ 문	6 c_____ 천장	7 s_____ 비누	8 k_____ 열쇠
9 k_____ 칼, 나이프	10 w_____ 닦다, 씻다	11 l_____ 도서관	12 j_____ 함께 하다, (동아리에) 가입하다
13 b_____ 재미없는, 지루한	14 h_____ 몹시 싫어하다, 미워하다; 증오	15 p_____ 건네주다, 지나가다	16 t_____ 내일
17 b_____ 생일	18 c_____ 색깔; 색칠하다	19 w_____ 날개	20 r_____ 닿다, 도착하다
21 s_____ 짠, 짭짤한	22 d_____ 맛있는	23 s_____ 작은	24 l_____ 게으른
25 b_____ 아름다운	26 m_____ 잡지	27 o_____ 열다, (책을) 펴다; 열린	28 s_____ 연설

정답 >> p61

DAY 04 Words Preview

다음은 Day 04에서 짚어볼 28개의 영어 단어입니다. 각각의 단어는 Level 1 ~ Level 4의 순서로
나열되어 있습니다. 각각의 단어를 잘 듣고 소리 내어 따라하세요.

Level 1 0092	Level 1 0103	Level 1 0113	Level 1 0150
onion	**bread**	**salad**	**shoes**
양파	빵	샐러드	신발

Level 1 0217	Level 1 0221	Level 1 0255	Level 2 0312
sofa	**towel**	**make**	**love**
소파	수건	만들다	사랑하다; 사랑

Level 2 0333	Level 2 0473	Level 2 0527	Level 3 0648
work	**sunny**	**clay**	**bookstore**
일하다; 일, 직장	화창한	찰흙	서점

Level 3 0736	Level 3 0795	Level 3 0808	Level 3 0809
gift	**mild**	**charming**	**elegant**
선물	순한, 온화한	매력적인	우아한

Level 3 0821	Level 3 0828	Level 3 0849	Level 3 0850
shape	**round**	**comfortable**	**wet**
모양, 형태	둥근, 원형의	(신체적으로) 편안한	젖은

Level 3 0881	Level 3 0882	Level 4 0965	Level 4 1008
sleepy	**tired**	**carry**	**read**
졸린	피곤한, 지친	~을 나르다	읽다

Level 4 1009	Level 4 1119	Level 4 1186	Level 4 1187
write	**send**	**fresh**	**bright**
쓰다	보내다	신선한	밝은

다음 문장을 잘 들은 후, 써보며 문장의 뜻을 이해합니다.

Words Check

1 An apple has a **round shape**.
사과는 둥근 모양을 하고 있다.
→ _____

☐ **round** 형 둥근, 원형의
☐ **shape** 명 모양, 형태

2 The man **works** at the **bookstore**.
그 남자는 서점에서 일한다.
→ _____

☐ **work** 동 일하다
☐ **bookstore** 명 서점

3 My new **shoes** are not **comfortable**.
나의 새 신발은 편하지 않다.
→ _____

☐ **shoes** 명 신발
☐ **comfortable** 형 (신체적으로) 편안한

4 My mother buys **fresh bread** on Wednesdays.
나의 어머니는 수요일마다 신선한 빵을 산다.
→ _____

☐ **fresh** 형 신선한
☐ **bread** 명 빵

5 The old man is **tired** and **sleepy**.
그 노인은 피곤하고 졸리다.
→ _____

☐ **tired** 형 피곤한, 지친
☐ **sleepy** 형 졸린

6 Can John **read** and **write** his name?
John은 그의 이름을 읽고 쓸 수 있니?
→ _____

☐ **read** 동 읽다
☐ **write** 동 쓰다

7 I do not like **onions** in the **salad**.
나는 샐러드에 있는 양파를 좋아하지 않는다.
→ _____

☐ **onion** 명 양파
☐ **salad** 명 샐러드

8 It is **bright** and **sunny** today.
오늘은 밝고 화창하다.

➡ _____

9 They **love** her **mild** smile.
그들은 그녀의 온화한 미소를 사랑한다.

➡ _____

10 He can **make** a car with **clay**.
그는 찰흙으로 자동차를 만들 수 있다.

➡ _____

11 Let's wash the **wet towels**.
우리 젖은 수건을 세탁하자.

➡ _____

12 The queen is **elegant** and **charming**.
그 여왕은 우아하고 매력적이다.

➡ _____

13 Can you help me **carry** this **sofa**?
내가 이 소파를 옮기는 것을 도와주겠니?

➡ _____

14 I **send** flowers and a **gift** to my grandma.
나는 나의 할머니에게 꽃들과 선물을 보낸다.

➡ _____

☑ **Words Check**

- ☐ **bright** 형 밝은
- ☐ **sunny** 형 화창한

- ☐ **love** 동 사랑하다
- ☐ **mild** 형 순한, 온화한

- ☐ **make** 동 만들다
- ☐ **clay** 명 찰흙

- ☐ **wet** 형 젖은
- ☐ **towel** 명 수건

- ☐ **elegant** 형 우아한
- ☐ **charming** 형 매력적인

- ☐ **carry** 동 ~을 나르다
- ☐ **sofa** 명 소파

- ☐ **send** 동 보내다
- ☐ **gift** 명 선물

A 다음 문장을 잘 듣고, 빈칸에 알맞은 말을 써넣으세요.

1 The man ＿＿＿＿＿＿ at the bookstore.

2 He can make a car with ＿＿＿＿＿＿ .

3 Let's wash the ＿＿＿＿＿＿ towels.

4 Can John read and ＿＿＿＿＿＿ his name?

5 I do not like ＿＿＿＿＿＿ in the salad.

6 My mother buys ＿＿＿＿＿＿ bread on Wednesdays.

7 I ＿＿＿＿＿＿ flowers and a gift to my grandma.

B 다음 괄호 안에서 알맞은 말을 고르세요.

1 They love her (mild / round / carry) smile.

2 My new shoes are not (clay / comfortable / tired).

3 An apple has a round (clerk / shape / fresh).

4 The queen is elegant and (charming / read / clay).

5 Can you help me (love / wet / carry) this sofa?

6 It is (elegant / bright / comfortable) and sunny today.

7 The old man is tired and (send / sleepy / love).

C 다음 문장을 우리말로 옮기세요.

1 He can make a car with clay.

→ _____

2 My new shoes are not comfortable.

→ _____

3 Can you help me carry this sofa?

→ _____

4 My mother buys fresh bread on Wednesdays.

→ _____

D 다음 우리말을 영어로 옮길 때, 빈칸에 필요한 말을 보기 에서 골라 써넣으세요. (중복 사용 가능)

보기

| makes | bookstore | works | like | has | send | wash |
| onions | towels | wet | round | library | shape | salad |

1 그 남자는 서점에서 일한다.

→ The man _____ at the _____.

2 사과는 둥근 모양을 하고 있다.

→ An apple _____ a _____ _____.

3 나는 샐러드에 있는 양파를 좋아하지 않는다.

→ I do not _____ _____ in the _____.

4 우리 젖은 수건을 세탁하자.

→ Let's _____ the _____ _____.

Quick Check

● 다음의 알파벳으로 시작하는 우리말에 맞는 영단어를 쓰세요.

1 o_____ 양파	2 b_____ 빵	3 s_____ 샐러드	4 s_____ 신발
5 s_____ 소파	6 t_____ 수건	7 m_____ 만들다	8 l_____ 사랑하다; 사랑
9 w_____ 일하다; 일, 직장	10 s_____ 화창한	11 c_____ 찰흙	12 b_____ 서점
13 g_____ 선물	14 m_____ 순한, 온화한	15 c_____ 매력적인	16 e_____ 우아한
17 s_____ 모양, 형태	18 r_____ 둥근, 원형의	19 c_____ 편안한	20 w_____ 젖은
21 s_____ 졸린	22 t_____ 피곤한, 지친	23 c_____ ~을 나르다	24 r_____ 읽다
25 w_____ 쓰다	26 s_____ 보내다	27 f_____ 신선한	28 b_____ 밝은

정답 >> p61

다음은 Day 05에서 짚어볼 28개의 영어 단어입니다. 각각의 단어는 Level 1 ～ Level 4의 순서로
나열되어 있습니다. 각각의 단어를 잘 듣고 소리 내어 따라하세요.

Level 1 0004	Level 1 0191	Level 1 0198	Level 1 0227
morning	**black**	**brown**	**curtain**
아침, 오전	검은색; 검은	갈색; 갈색의	커튼

Level 1 0256	Level 2 0313	Level 2 0320	Level 2 0412
walk	**want**	**joy**	**noon**
걷다, (동물을) 산책시키다; 산책	원하다	(큰) 기쁨	한낮, 낮 12시

Level 2 0500	Level 2 0508	Level 2 0515	Level 2 0548
umbrella	**flute**	**orchestra**	**dance**
우산	플루트	관현악단	춤; 춤추다

Level 3 0672	Level 3 0673	Level 3 0744	Level 3 0768
year	**season**	**bad**	**grand**
해, 년	계절	안 좋은	웅장한

Level 3 0784	Level 3 0820	Level 4 0905	Level 4 0909
full	**colorful**	**live**	**habit**
가득한, 아주 많은	다채로운	(특정 장소에) 살다	습관, 버릇

Level 4 0981	Level 4 1006	Level 4 1115	Level 4 1120
game	**share**	**number**	**wrong**
게임, 경기	함께 쓰다, 나누다	번호, 숫자	잘못된

Level 4 1153	Level 4 1157	Level 4 1158	Level 4 1188
plan	**talk**	**another**	**dark**
계획; 계획하다	(이야기를 나누며) 말하다	또 하나; 또 하나의	어두운, 짙은

다음 문장을 잘 들은 후, 써보며 문장의 뜻을 이해합니다.

☑ Words Check

1 I **walk** to school every **morning**.
나는 매일 아침 학교에 걸어서 간다.
➡ _____

☐ walk 통 걷다
☐ morning 명 아침, 오전

2 My favorite color is **dark brown**.
내가 가장 좋아하는 색깔은 짙은 갈색이다.
➡ _____

☐ dark 형 어두운, 짙은
☐ brown 명 갈색

3 There are four **seasons** in a **year**.
일 년에는 네 개의 계절이 있다.
➡ _____

☐ season 명 계절
☐ year 명 해, 년

4 You have the **wrong number**.
전화 잘못 거셨어요.
➡ _____

☐ wrong 형 잘못된
☐ number 명 번호, 숫자

5 The garden is **full** of **colorful** flowers.
그 정원은 다채로운 꽃들로 가득 차 있다.
➡ _____

☐ full 형 가득한, 아주 많은
☐ colorful 형 다채로운

6 The girl **dances** with **joy**.
그 소녀는 기뻐서 춤을 춘다.
➡ _____

☐ dance 통 춤추다
☐ joy 명 (큰) 기쁨

7 My grandpa **lives** in a **grand** house.
나의 할아버지는 웅장한 집에 산다.
➡ _____

☐ live 통 (특정 장소에) 살다
☐ grand 형 웅장한

☑ Words Check

8 My sister has a **bad habit**.
나의 누나는 좋지 않은 습관 하나를 가지고 있다.

→ _____

- ☐ bad 형 안 좋은
- ☐ habit 명 습관, 버릇

9 Let's **share** my **umbrella**.
나의 우산을 함께 쓰자.

→ _____

- ☐ share 동 함께 쓰다, 나누다
- ☐ umbrella 명 우산

10 I have **another plan**.
나는 또 다른 계획을 가지고 있다.

→ _____

- ☐ another 형 또 하나의
- ☐ plan 명 계획

11 They close the **black curtains**.
그들은 그 검은 커튼들을 닫는다.

→ _____

- ☐ black 형 검은
- ☐ curtain 명 커튼

12 I do not **want** to **talk** to him.
나는 그와 말하고 싶지 않다.

→ _____

- ☐ want 동 원하다
- ☐ talk 동 말하다

13 I play the **flute** in the **orchestra**.
나는 관현악단에서 플루트를 연주한다.

→ _____

- ☐ flute 명 플루트
- ☐ orchestra 명 관현악단

14 The **game** begins at **noon**.
그 경기는 낮 12시에 시작한다.

→ _____

- ☐ game 명 게임, 경기
- ☐ noon 명 한낮, 낮 12시

A 다음 문장을 잘 듣고, 빈칸에 알맞은 말을 써넣으세요.

1 The girl dances with _____.

2 I do not want to _____ to him.

3 The game begins at _____.

4 There are four _____ in a year.

5 You have the _____ number.

6 My sister has a bad _____.

7 They close the black _____.

B 다음 괄호 안에서 알맞은 말을 고르세요.

1 My favorite color is (full / dark / grand) brown.

2 I (dance / live / walk) to school every morning.

3 I have (another / full / share) plan.

4 My grandpa lives in a (grand / joy / year) house.

5 The garden is (wrong / another / full) of colorful flowers.

6 Let's share my (habit / umbrella / season).

7 I play the (plan / flute / number) in the orchestra.

C 다음 문장을 우리말로 옮기세요.

1 The girl dances with joy.

➡ _____

2 You have the wrong number.

➡ _____

3 I walk to school every morning.

➡ _____

4 The garden is full of colorful flowers.

➡ _____

D 다음 우리말을 영어로 옮길 때, 빈칸에 필요한 말을 보기 에서 골라 써넣으세요. (중복 사용 가능)

보기

| another | wrong | noon | morning | game | year | habit |
| share | grand | umbrella | seasons | bad | dark | begins |

1 일 년에는 네 개의 계절이 있다.

➡ There are four _____ in a _____.

2 나의 우산을 함께 쓰자.

➡ Let's _____ my _____.

3 나의 누나는 좋지 않은 습관 하나를 가지고 있다.

➡ My sister has a _____ _____.

4 그 경기는 낮 12시에 시작한다.

➡ The _____ at _____.

Quick Check

● 다음의 알파벳으로 시작하는 우리말에 맞는 영단어를 쓰세요.

1 **m**_____ 아침, 오전	2 **b**_____ 검은색; 검은	3 **b**_____ 갈색; 갈색의	4 **c**_____ 커튼
5 **w**_____ 걷다, 산책시키다; 산책	6 **w**_____ 원하다	7 **j**_____ (큰) 기쁨	8 **n**_____ 한낮, 낮 12시
9 **u**_____ 우산	10 **f**_____ 플루트	11 **o**_____ 관현악단	12 **d**_____ 춤; 춤추다
13 **y**_____ 해, 년	14 **s**_____ 계절	15 **b**_____ 안 좋은	16 **g**_____ 웅장한
17 **f**_____ 가득한, 아주 많은	18 **c**_____ 다채로운	19 **l**_____ 살다	20 **h**_____ 습관, 버릇
21 **g**_____ 게임, 경기	22 **s**_____ 함께 쓰다, 나누다	23 **n**_____ 번호, 숫자	24 **w**_____ 잘못된
25 **p**_____ 계획; 계획하다	26 **t**_____ (이야기를 나누며) 말하다	27 **a**_____ 또 하나; 또 하나의	28 **d**_____ 어두운, 짙은

정답 >> p61

Words Preview

다음은 Day 06에서 짚어볼 28개의 영어 단어입니다. 각각의 단어는 Level 1 ～ Level 4의 순서로
나열되어 있습니다. 각각의 단어를 잘 듣고 소리 내어 따라하세요.

Level 1 0012 **wife** 부인	**Level 1** 0108 **oil** 기름	**Level 1** 0123 **spaghetti** 스파게티	**Level 1** 0233 **fork** 포크
Level 1 0267 **club** 동아리	**Level 1** 0297 **textbook** 교과서	**Level 2** 0324 **mad** 몹시 화난	**Level 2** 0393 **borrow** 빌리다
Level 2 0427 **late** 늦은; 늦게	**Level 2** 0464 **weekend** 주말	**Level 2** 0499 **rain** 비; 비가 오다	**Level 3** 0626 **English** 영어
Level 3 0706 **enjoy** 즐기다	**Level 3** 0750 **spicy** 양념 맛이 강한	**Level 3** 0765 **great** (보통 이상으로) 큰, 아주 좋은	**Level 3** 0771 **many** 많은; 많은 사람들
Level 3 0793 **clever** 영리한, 똑똑한	**Level 3** 0832 **look** (집중하여) 보다; 보이다	**Level 3** 0836 **sound** 소리; ～처럼 들리다	**Level 3** 0839 **feel** 느껴지다, (특정한 기분이) 들다
Level 3 0859 **ninth** 아홉 번째의	**Level 4** 0964 **hurry** 서두름; 서두르다	**Level 4** 1013 **learn** 배우다	**Level 4** 1033 **fit** (몸이) 건강한
Level 4 1060 **forest** 숲, 삼림	**Level 4** 1076 **float** 떠가다, 뜨다	**Level 4** 1083 **sentence** 문장	**Level 4** 1154 **think** 생각하다

🗨 다음 문장을 잘 들은 후, 써보며 문장의 뜻을 이해합니다.

☑ **Words Check**

1 **Many** students join the tennis **club**.
많은 학생들이 테니스 동아리에 가입한다.

➡ _____

- [ ] many 형 많은
- [ ] club 명 동아리

2 **Hurry!** We are **late**.
서둘러! 우리 늦었어.

➡ _____

- [ ] hurry 동 서두르다
- [ ] late 형 늦은

3 **Oil floats** on water.
기름은 물 위에 뜬다.

➡ _____

- [ ] oil 명 기름
- [ ] float 동 뜨다

4 Do you **enjoy spicy** food?
너는 양념이 강한 음식을 즐기니?

➡ _____

- [ ] enjoy 동 즐기다
- [ ] spicy 형 양념 맛이 강한

5 Matt is **mad** at his **wife**.
Matt는 그의 아내에게 몹시 화가 났다.

➡ _____

- [ ] mad 형 몹시 화난
- [ ] wife 명 부인

6 My grandma **looks fit**.
나의 할머니는 건강해 보인다.

➡ _____

- [ ] look 동 보다, 보이다
- [ ] fit 형 (몸이) 건강한

7 Can I **borrow** your **textbook**?
내가 너의 교과서를 빌릴 수 있을까?

➡ _____

- [ ] borrow 동 빌리다
- [ ] textbook 명 교과서

8 Read the **ninth sentence**.
아홉 번째 문장을 읽어라.

➡ _____

9 She **learns English** at school.
그녀는 학교에서 영어를 배운다.

➡ _____

10 Will it **rain** in Seoul this **weekend**?
이번 주말에 서울에 비가 올까?

➡ _____

11 I **think** he is **clever**.
나는 그가 영리하다고 생각한다.

➡ _____

12 We **feel** good in the **forest**.
우리는 숲에서 좋은 기분이 든다.

➡ _____

13 It **sounds** like a **great** plan.
그것은 아주 좋은 계획처럼 들린다.

➡ _____

14 We eat **spaghetti** with a **fork**.
우리는 포크로 스파게티를 먹는다.

➡ _____

☑ **Words Check**

☐ ninth 형 아홉 번째의
☐ sentence 명 문장

☐ learn 동 배우다
☐ English 명 영어

☐ rain 동 비가 오다
☐ weekend 명 주말

☐ think 동 생각하다
☐ clever 형 영리한, 똑똑한

☐ feel 동 (특정한 기분이) 들다
☐ forest 명 숲, 삼림

☐ sound 동 ~처럼 들리다
☐ great 형 큰, 아주 좋은

☐ spaghetti 명 스파게티
☐ fork 명 포크

A 다음 문장을 잘 듣고, 빈칸에 알맞은 말을 써넣으세요.

1 Matt is ＿＿＿＿＿＿＿＿ at his wife.

2 I think he is ＿＿＿＿＿＿＿.

3 Read the ＿＿＿＿＿＿＿ sentence.

4 She ＿＿＿＿＿＿＿ English at school.

5 Many students join the tennis ＿＿＿＿＿＿＿.

6 We feel good in the ＿＿＿＿＿＿＿.

7 We eat ＿＿＿＿＿＿＿ with a fork.

B 다음 괄호 안에서 알맞은 말을 고르세요.

1 Can I (think / borrow / float) your textbook?

2 Do you enjoy (fit / late / spicy) food?

3 Oil (floats / feels / sounds) on water.

4 Will it rain in Seoul this (yesterday / today / weekend)?

5 My grandma looks (spicy / fit / many).

6 It (sounds / thinks / learns) like a great plan.

7 Hurry! We are (great / late / clever).

C 다음 문장을 우리말로 옮기세요.

1 My grandma looks fit.

➡ _____

2 We feel good in the forest.

➡ _____

3 Matt is mad at his wife.

➡ _____

4 Oil floats on water.

➡ _____

D 다음 우리말을 영어로 옮길 때, 빈칸에 필요한 말을 보기 에서 골라 써넣으세요. (중복 사용 가능)

보기

| like | borrow | club | looks | textbook | rain | join |
| weekend | sounds | great | many | think | clever | come |

1 내가 너의 교과서를 빌릴 수 있을까?

➡ Can I _____ your _____?

2 이번 주말에 서울에 비가 올까?

➡ Will it _____ in Seoul this _____?

3 많은 학생들이 테니스 동아리에 가입한다.

➡ _____ students _____ the tennis _____.

4 그것은 아주 좋은 계획처럼 들린다.

➡ It _____ _____ a _____ plan.

Quick Check

● 다음의 알파벳으로 시작하는 우리말에 맞는 영단어를 쓰세요.

1 w_____ 부인	2 o_____ 기름	3 s_____ 스파게티	4 f_____ 포크
5 c_____ 동아리	6 t_____ 교과서	7 m_____ 몹시 화난	8 b_____ 빌리다
9 l_____ 늦은; 늦게	10 w_____ 주말	11 r_____ 비; 비가 오다	12 E_____ 영어
13 e_____ 즐기다	14 s_____ 양념 맛이 강한	15 g_____ (보통 이상으로) 큰, 아주 좋은	16 m_____ 많은
17 c_____ 영리한, 똑똑한	18 l_____ (집중하여) 보다; 보이다	19 s_____ 소리; ~처럼 들리다	20 f_____ 느껴지다, (특정한 기분이) 들다
21 n_____ 아홉 번째의	22 h_____ 서두름; 서두르다	23 l_____ 배우다	24 f_____ (몸이) 건강한
25 f_____ 숲, 삼림	26 f_____ 떠가다, 뜨다	27 s_____ 문장	28 t_____ 생각하다

정답 >> p62

Words Preview

다음은 Day 07에서 짚어볼 28개의 영어 단어입니다. 각각의 단어는 Level 1 ~ Level 4의 순서로
나열되어 있습니다. 각각의 단어를 잘 듣고 소리 내어 따라하세요.

Level 1 0037 **friend** 친구	Level 1 0077 **rose** 장미	Level 1 0131 **wear** 입다, 착용하다	Level 1 0139 **jeans** 청바지
Level 1 0213 **bedroom** 침실	Level 1 0215 **kitchen** 부엌	Level 1 0236 **dish** 접시, 요리	Level 2 0314 **need** 필요하다
Level 2 0362 **skate** 스케이트를 타다	Level 2 0367 **medal** 메달	Level 2 0368 **win** (경기에서) 이기다, (메달을) 따다	Level 2 0401 **now** 지금, 이제
Level 2 0428 **just** 방금, 단지	Level 2 0439 **beside** ~옆에	Level 2 0498 **ice** 얼음	Level 2 0514 **voice** 목소리
Level 2 0550 **dive** (물속으로 거꾸로) 뛰어들다	Level 3 0719 **lake** 호수	Level 3 0775 **every** 모든	Level 3 0801 **pretty** 예쁜; 꽤
Level 3 0804 **ugly** 못생긴, 보기 싫은	Level 4 0903 **family name** 성(姓)	Level 4 1002 **sit** 앉다	Level 4 1003 **help** 돕다; 도움
Level 4 1095 **witch** 마녀	Level 4 1144 **pick** 꺾다, 따다	Level 4 1145 **shout** 소리치다	Level 4 1182 **same** (똑)같은

다음 문장을 잘 들은 후, 써보며 문장의 뜻을 이해합니다.

1 Why are they **shouting now**?
그들은 왜 지금 소리치고 있니?
→ _____

2 I do not **need** your **help** now.
나는 지금 너의 도움이 필요하지 않다.
→ _____

3 Do not **pick** the **roses**.
그 장미들을 꺾지 마라.
→ _____

4 You can **sit beside** me.
너는 내 옆에 앉아도 된다.
→ _____

5 We are **just friends**.
우리는 단지 친구 사이일 뿐이다.
→ _____

6 Many people have the **same family name**.
많은 사람들이 같은 성(姓)을 가지고 있다.
→ _____

7 The boys clean their **bedroom every** day.
그 소년들은 그들의 침실을 매일 청소한다.
→ _____

☑ Words Check

☐ shout 동 소리치다
☐ now 부 지금, 이제

☐ need 동 필요하다
☐ help 명 도움

☐ pick 동 꺾다, 따다
☐ rose 명 장미

☐ sit 동 앉다
☐ beside 전 ~옆에

☐ just 부 단지
☐ friend 명 친구

☐ same 형 (똑)같은
☐ family name 명 성(姓)

☐ bedroom 명 침실
☐ every 형 모든

8 Let's **skate** on the **ice**.
얼음 위에서 스케이트를 타자.

➡ _____

9 The singer has a **pretty voice**.
그 가수는 예쁜 목소리를 가지고 있다.

➡ _____

10 I can't **wear jeans** at work.
나는 직장에서 청바지를 입을 수 없다.

➡ _____

11 His team will **win** the gold **medal**.
그의 팀이 금메달을 얻게 될 것이다.

➡ _____

12 They **dive** into the **lake**.
그들은 호수 안으로 뛰어든다.

➡ _____

13 The **witch** in the book is **ugly**.
그 책에 나오는 마녀는 못생겼다.

➡ _____

14 I am making **dishes** in the **kitchen**.
나는 부엌에서 요리를 만들고 있다.

➡ _____

☑ **Words Check**

- [ ] skate 통 스케이트를 타다
- [ ] ice 명 얼음

- [ ] pretty 형 예쁜
- [ ] voice 명 목소리

- [ ] wear 통 입다, 착용하다
- [ ] jeans 명 청바지

- [ ] win 통 (메달을) 따다
- [ ] medal 명 메달

- [ ] dive 통 (물속으로 거꾸로) 뛰어들다
- [ ] lake 명 호수

- [ ] witch 명 마녀
- [ ] ugly 형 못생긴, 보기 싫은

- [ ] dish 명 요리
- [ ] kitchen 명 부엌

A 다음 문장을 잘 듣고, 빈칸에 알맞은 말을 써넣으세요.

1 We are _____ friends.

2 I do not _____ your help now.

3 Let's _____ on the ice.

4 The witch in the book is _____.

5 They _____ into the lake.

6 Why are they _____ now?

7 I am making _____ in the kitchen.

B 다음 괄호 안에서 알맞은 말을 고르세요.

1 You can sit (just / same / beside) me.

2 The boys clean their bedroom (many / every / now) day.

3 His team will (wear / dive / win) the gold medal.

4 Do not (pick / clean / need) the roses.

5 I can't (wear / help / same) jeans at work.

6 The singer has a (need / pretty / beside) voice.

7 Many people have the (clean / every / same) family name.

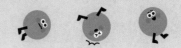

C 다음 문장을 우리말로 옮기세요.

1 The witch in the book is ugly.

➡ _____

2 We are just friends.

➡ _____

3 Do not pick the roses.

➡ _____

4 I can't wear jeans at work.

➡ _____

D 다음 우리말을 영어로 옮길 때, 빈칸에 필요한 말을 보기에서 골라 써넣으세요. (중복 사용 가능)

보기

now	need	help	same	name	family	making
shouting	kitchen	win	medal	team	have	dishes

1 나는 지금 너의 도움이 필요하지 않다.

➡ I do not _____ your _____ _____.

2 많은 사람들이 같은 성(姓)을 가지고 있다.

➡ Many people have the _____ _____ _____.

3 나는 부엌에서 요리를 만들고 있다.

➡ I am _____ _____ in the _____.

4 그의 팀이 금메달을 얻게 될 것이다.

➡ His _____ will _____ the gold _____.

Quick Check

● 다음의 알파벳으로 시작하는 우리말에 맞는 영단어를 쓰세요.

1 **f**_____ 친구	2 **r**_____ 장미	3 **w**_____ 입다, 착용하다	4 **j**_____ 청바지
5 **b**_____ 침실	6 **k**_____ 부엌	7 **d**_____ 접시, 요리	8 **n**_____ 필요하다
9 **s**_____ 스케이트를 타다	10 **m**_____ 메달	11 **w**_____ (경기에서) 이기다, (메달을) 따다	12 **n**_____ 지금, 이제
13 **j**_____ 방금, 단지	14 **b**_____ ~옆에	15 **i**_____ 얼음	16 **v**_____ 목소리
17 **d**_____ (물속으로 거꾸로) 뛰어들다	18 **l**_____ 호수	19 **e**_____ 모든	20 **p**_____ 예쁜; 꽤
21 **u**_____ 못생긴, 보기 싫은	22 **f**_____ 성(姓)	23 **s**_____ 앉다	24 **h**_____ 돕다; 도움
25 **w**_____ 마녀	26 **p**_____ 꺾다, 따다	27 **s**_____ 소리치다	28 **s**_____ (똑)같은

정답 >> p62

Words Preview

다음은 Day 08에서 짚어볼 28개의 영어 단어입니다. 각각의 단어는 Level 1 ~ Level 4의 순서로
나열되어 있습니다. 각각의 단어를 잘 듣고 소리 내어 따라하세요.

Level 1 0010	Level 1 0039	Level 1 0111	Level 1 0257
name 이름	**lady** 숙녀	**lunch** 점심 식사	**nap** 낮잠

Level 1 0260	Level 1 0269	Level 2 0302	Level 2 0311
fix 고치다	**remember** 기억하다	**glad** 기쁜, 반가운	**like** 좋아하다; ~처럼

Level 2 0317	Level 2 0588	Level 3 0601	Level 3 0710
hope 희망하다; 희망	**thing** (사물을 가리키는) 것, 물건	**math** 수학	**parade** 퍼레이드

Level 3 0758	Level 3 0815	Level 3 0838	Level 3 0875
short 키가 작은, (길이가) 짧은	**curly** 곱슬곱슬한	**touch** 만지다; 촉각	**difficult** 어려운

Level 3 0888	Level 3 0889	Level 3 0892	Level 4 0953
hungry 배고픈	**thirsty** 목마른	**fast** (움직임이) 빠른; 빨리	**drive** 운전하다

Level 4 0991	Level 4 1019	Level 4 1020	Level 4 1035
relax 휴식을 취하다	**group** 모둠, 단체	**member** 회원, 구성원	**pale** 창백한, 핼쑥한

Level 4 1042	Level 4 1061	Level 4 1121	Level 4 1193
healthy 건강한, 건강에 좋은	**nature** 자연	**radio** 라디오	**safe** 안전한

다음 문장을 잘 들은 후, 써보며 문장의 뜻을 이해합니다.

1 **Math** is **difficult** for me.
수학은 나에게 어렵다.

→ _____

2 You can **relax** in **nature**.
너는 자연 속에서 휴식을 취할 수 있다.

→ _____

3 Do you take a **nap** after **lunch**?
너는 점심 식사 후에 낮잠을 자니?

→ _____

4 She has **short curly** hair.
그녀는 짧은 곱슬머리를 하고 있다.

→ _____

5 The girls are **hungry** and **thirsty**.
그 소녀들은 배고프고 목마르다.

→ _____

6 I do not **remember** his **name**.
나는 그의 이름이 기억나지 않는다.

→ _____

7 The baby **touches** his **things**.
그 아기는 그의 물건들을 만진다.

→ _____

☑ **Words Check**

☐ math 명 수학
☐ difficult 형 어려운

☐ relax 동 휴식을 취하다
☐ nature 명 자연

☐ nap 명 낮잠
☐ lunch 명 점심 식사

☐ short 형 (길이가) 짧은
☐ curly 형 곱슬곱슬한

☐ hungry 형 배고픈
☐ thirsty 형 목마른

☐ remember 동 기억하다
☐ name 명 이름

☐ touch 동 만지다
☐ thing 명 것, 물건

8 I will **fix** this **radio** today.
나는 오늘 이 라디오를 고칠 것이다.

→ _____

9 I **hope** we can see the **parade**.
나는 우리가 그 퍼레이드를 볼 수 있기를 희망한다.

→ _____

10 I am **glad** you are **safe**.
나는 네가 무사해서 기쁘다.

→ _____

11 The old **lady** looks **pale**.
그 노부인은 창백해 보인다.

→ _____

12 Clara is a **member** of the **group**.
Clara는 그 모둠의 구성원이다.

→ _____

13 How **fast** can you **drive** your car?
너는 얼마나 빨리 너의 차를 운전할 수 있니?

→ _____

14 Eat **healthy** foods **like** bananas and apples.
바나나와 사과처럼 건강에 좋은 음식들을 먹어라.

→ _____

☐ fix 통 고치다
☐ radio 명 라디오

☐ hope 통 희망하다
☐ parade 명 퍼레이드

☐ glad 형 기쁜, 반가운
☐ safe 형 안전한

☐ lady 명 숙녀
☐ pale 형 창백한, 핼쑥한

☐ member 명 회원, 구성원
☐ group 명 모둠, 단체

☐ fast 부 빨리
☐ drive 통 운전하다

☐ healthy 형 건강에 좋은
☐ like 전 ~처럼

A 다음 문장을 잘 듣고, 빈칸에 알맞은 말을 써넣으세요.

1 The old lady looks _____.

2 I _____ we can see the parade.

3 The baby _____ his things.

4 The girls are hungry and _____.

5 I do not _____ his name.

6 How _____ can you drive your car?

7 Do you take a _____ after lunch?

B 다음 괄호 안에서 알맞은 말을 고르세요.

1 She has short (fast / pale / curly) hair.

2 You can (hope / relax / like) in nature.

3 I will (nap / fix / thing) this radio today.

4 Math is (glad / remember / difficult) for me.

5 Clara is a (parade / fix / member) of the group.

6 I am (glad / relax / difficult) you are safe.

7 Eat healthy foods (touch / like / things) bananas and apples.

C 다음 문장을 우리말로 옮기세요.

1 I hope we can see the parade.

→ _____

2 I am glad you are safe.

→ _____

3 Do you take a nap after lunch?

→ _____

4 How fast can you drive your car?

→ _____

D 다음 우리말을 영어로 옮길 때, 빈칸에 필요한 말을 보기 에서 골라 써넣으세요. (중복 사용 가능)

보기

difficult	healthy	curly	does	group	for	with
take	like	member	fix	has	math	short

1 Clara는 그 모둠의 구성원이다.

→ Clara is a _____ of the _____.

2 그녀는 짧은 곱슬머리를 하고 있다.

→ She _____ _____ _____ hair.

3 수학은 나에게 어렵다.

→ _____ is _____ _____ me.

4 바나나와 사과처럼 건강에 좋은 음식들을 먹어라.

→ Eat _____ foods _____ bananas and apples.

 **Quick Check**

● 다음의 알파벳으로 시작하는 우리말에 맞는 영단어를 쓰세요.

1 **n**_____ 이름	2 **l**_____ 숙녀	3 **l**_____ 점심 식사	4 **n**_____ 낮잠
5 **f**_____ 고치다	6 **r**_____ 기억하다	7 **g**_____ 기쁜, 반가운	8 **l**_____ 좋아하다; ~처럼
9 **h**_____ 희망하다; 희망	10 **t**_____ (사물을 가리키는) 것, 물건	11 **m**_____ 수학	12 **p**_____ 퍼레이드
13 **s**_____ 키가 작은, (길이가) 짧은	14 **c**_____ 곱슬곱슬한	15 **t**_____ 만지다; 촉각	16 **d**_____ 어려운
17 **h**_____ 배고픈	18 **t**_____ 목마른	19 **f**_____ (움직임이) 빠른; 빨리	20 **d**_____ 운전하다
21 **r**_____ 휴식을 취하다	22 **g**_____ 모둠, 단체	23 **m**_____ 회원, 구성원	24 **p**_____ 창백한, 핼쑥한
25 **h**_____ 건강한, 건강에 좋은	26 **n**_____ 자연	27 **r**_____ 라디오	28 **s**_____ 안전한

정답 >> p62

DAY 09 Words Preview

다음은 Day 09에서 짚어볼 28개의 영어 단어입니다. 각각의 단어는 Level 1 ~ Level 4의 순서로
나열되어 있습니다. 각각의 단어를 잘 듣고 소리 내어 따라하세요.

Level 1 0041	Level 1 0112	Level 1 0143	Level 1 0193
pet	**sandwich**	**button**	**yellow**
애완동물	샌드위치	단추	노란색; 노란

Level 1 0245	Level 2 0403	Level 2 0483	Level 2 0522
water	**ago**	**warm**	**poster**
물; 물주다	(시간) 전에	따뜻한	포스터

Level 2 0531	Level 2 0535	Level 2 0571	Level 3 0606
draw	**paste**	**king**	**history**
그리다	풀로 붙이다	왕	역사

Level 3 0634	Level 3 0671	Level 3 0676	Level 3 0774
order	**month**	**autumn**	**some**
주문하다, 명령하다	달, 월	가을	(긍정문) 얼마간의, 약간의

Level 3 0790	Level 3 0851	Level 3 0855	Level 3 0900
enough	**first**	**fifth**	**popular**
충분한; 충분히	첫 번째의	다섯 번째의	인기 있는

Level 4 0910	Level 4 0923	Level 4 1016	Level 4 1022
grade	**country**	**line**	**grocery store**
학년	나라, 시골	줄, 선	식료품 가게

Level 4 1031	Level 4 1059	Level 4 1079	Level 4 1143
medicine	**jungle**	**astronaut**	**push**
약, 의학	밀림, 정글	우주 비행사	밀다, 누르다

😀 다음 문장을 잘 들은 후, 써보며 문장의 뜻을 이해합니다.

☑ **Words Check**

1 The girl is in the **fifth grade**.
그 소녀는 5학년이다.
➡ _____

☐ fifth 형 다섯 번째의
☐ grade 명 학년

2 **Yellow** is a bright and **warm** color.
노란색은 밝고 따뜻한 색깔이다.
➡ _____

☐ yellow 명 노란색
☐ warm 형 따뜻한

3 The **country** has a long **history**.
그 나라는 긴 역사를 가지고 있다.
➡ _____

☐ country 명 나라, 시골
☐ history 명 역사

4 **Push** the **button** on the table.
탁자 위에 있는 버튼을 눌러라.
➡ _____

☐ push 동 밀다, 누르다
☐ button 명 단추

5 They **order** a **sandwich** and a salad.
그들은 샌드위치 하나와 샐러드 하나를 주문한다.
➡ _____

☐ order 동 주문하다
☐ sandwich 명 샌드위치

6 I **paste** the **poster** on the building.
나는 건물에 그 포스터를 붙인다.
➡ _____

☐ paste 동 풀로 붙이다
☐ poster 명 포스터

7 **Water** the flower in **autumn**.
가을에는 꽃에 물을 주어라.
➡ _____

☐ water 동 물주다
☐ autumn 명 가을

8 He **draws** a **line** on the ball.

그는 그 공 위에 선을 하나 그린다.

➡ _____

9 I buy **some** milk at the **grocery store**.

나는 식료품 가게에서 약간의 우유를 산다.

➡ _____

10 Cats are **popular pets** in America.

고양이들은 미국에서 인기 있는 애완동물이다.

➡ _____

11 We do not have **enough medicine**.

우리는 충분한 약을 가지고 있지 않다.

➡ _____

12 A lion is the **king** of the **jungle**.

사자는 정글의 왕이다.

➡ _____

13 I saw him a **month ago**.

나는 그를 한 달 전에 봤다.

➡ _____

14 Korea's **first astronaut** was a woman.

한국의 최초의 우주 비행사는 여성이었다.

➡ _____

Words Check

- [ ] draw 통 그리다
- [ ] line 명 줄, 선

- [ ] some 형 얼마간의, 약간의
- [ ] grocery store 명 식료품 가게

- [ ] popular 형 인기 있는
- [ ] pet 명 애완동물

- [ ] enough 형 충분한
- [ ] medicine 명 약

- [ ] king 명 왕
- [ ] jungle 명 밀림, 정글

- [ ] month 명 달, 월
- [ ] ago 부 (시간) 전에

- [ ] first 형 첫 번째의
- [ ] astronaut 명 우주 비행사

A 다음 문장을 잘 듣고, 빈칸에 알맞은 말을 써넣으세요.

1 A lion is the king of the _____.

2 Korea's first _____ was a woman.

3 The girl is in the _____ grade.

4 The _____ has a long history.

5 I _____ the poster on the building.

6 We do not have enough _____.

7 I buy some milk at the _____.

B 다음 괄호 안에서 알맞은 말을 고르세요.

1 (Poster / Push / Grade) the button on the table.

2 (Water / Enough / Paste) the flower in autumn.

3 Yellow is a bright and (warm / line / paste) color.

4 They (some / popular / order) a sandwich and a salad.

5 I saw him a month (popular / ago / enough).

6 He (orders / warm / draws) a line on the ball.

7 Cats are (popular / enough / grade) pets in America.

C 다음 문장을 우리말로 옮기세요.

1 Water the flower in autumn.

→ _____

2 Cats are popular pets in America.

→ _____

3 I paste the poster on the building.

→ _____

4 I saw him a month ago.

→ _____

D 다음 우리말을 영어로 옮길 때, 빈칸에 필요한 말을 보기에서 골라 써넣으세요. (중복 사용 가능)

보기

has	is	ago	long	fifth	first	jungle
astronaut	king	popular	grade	history	order	draws

1 그 소녀는 5학년이다.

→ The girl is in the _____ _____ .

2 사자는 정글의 왕이다.

→ A lion is the _____ of the _____ .

3 그 나라는 긴 역사를 가지고 있다.

→ The country _____ a _____ _____ .

4 한국의 최초의 우주 비행사는 여성이었다.

→ Korea's _____ _____ was a woman.

 **Quick Check**

● 다음의 알파벳으로 시작하는 우리말에 맞는 영단어를 쓰세요.

1 **p**_____	2 **s**_____	3 **b**_____	4 **y**_____
애완동물	샌드위치	단추	노란색; 노란
5 **w**_____	6 **a**_____	7 **w**_____	8 **p**_____
물; 물주다	(시간) 전에	따뜻한	포스터
9 **d**_____	10 **p**_____	11 **k**_____	12 **h**_____
그리다	풀로 붙이다	왕	역사
13 **o**_____	14 **m**_____	15 **a**_____	16 **s**_____
주문하다, 명령하다	달, 월	가을	(긍정문) 얼마간의, 약간의
17 **e**_____	18 **f**_____	19 **f**_____	20 **p**_____
충분한; 충분히	첫 번째의	다섯 번째의	인기 있는
21 **g**_____	22 **c**_____	23 **l**_____	24 **g**_____
학년	나라, 시골	줄	식료품 가게
25 **m**_____	26 **j**_____	27 **a**_____	28 **p**_____
약, 의학	밀림, 정글	우주 비행사	밀다, 누르다

정답 >> p63

Words Preview

다음은 Day 10에서 짚어볼 28개의 영어 단어입니다. 각각의 단어는 Level 1 ~ Level 4의 순서로
나열되어 있습니다. 각각의 단어를 잘 듣고 소리 내어 따라하세요.

Level 1 0072	Level 1 0106	Level 1 0208	Level 1 0219
root	**juice**	**stairs**	**table**
뿌리	주스	계단	탁자

Level 1 0223	Level 1 0232	Level 1 0253	Level 1 0288
carpet	**chopsticks**	**drink**	**study**
카펫, 양탄자	젓가락	마시다; 음료	공부하다

Level 2 0307	Level 2 0334	Level 2 0379	Level 2 0432
hard	**staff**	**run**	**behind**
어려운, 힘든; 열심히	직원	달리다	~뒤에

Level 2 0495	Level 2 0592	Level 3 0621	Level 3 0627
cloud	**also**	**Korean**	**French**
구름	또한, ~도	한국어, 한국 사람	프랑스어

Level 3 0742	Level 3 0747	Level 3 0840	Level 3 0842
taste	**bitter**	**soft**	**smooth**
맛; 맛이 ~하다	맛이 쓴	부드러운, 푹신한	매끄러운

Level 4 0902	Level 4 0996	Level 4 1062	Level 4 1105
spell	**invent**	**soil**	**speak**
철자를 쓰다[말하다]	발명하다	토양, 흙	이야기하다, 말하다

Level 4 1149	Level 4 1164	Level 4 1192	Level 4 1196
danger	**special**	**helpful**	**aloud**
위험	특별한	도움이 되는	소리 내어, 큰 소리로

Words in Sentences

다음 문장을 잘 들은 후, 써보며 문장의 뜻을 이해합니다.

1 The sun goes **behind** a **cloud**.
해가 구름 뒤로 간다.
➡ _____

2 This coffee has a **bitter taste**.
이 커피는 쓴맛을 가지고 있다.
➡ _____

3 The **roots** in the **soil** are long.
토양 속 뿌리들의 길이가 길다.
➡ _____

4 The hotel **staff** is very **helpful**.
그 호텔 직원은 매우 도움이 된다.
➡ _____

5 I **drink** orange **juice** every morning.
나는 매일 아침 오렌지 주스를 마신다.
➡ _____

6 The dogs **run** up the **stairs**.
그 개들이 계단 위로 달려간다.
➡ _____

7 He will **invent** a **special** camera.
그는 특별한 카메라를 발명할 것이다.
➡ _____

☑ **Words Check**

- ☐ behind 전 ~뒤에
- ☐ cloud 명 구름

- ☐ bitter 형 맛이 쓴
- ☐ taste 명 맛

- ☐ root 명 뿌리
- ☐ soil 명 토양, 흙

- ☐ staff 명 직원
- ☐ helpful 형 도움이 되는

- ☐ drink 동 마시다
- ☐ juice 명 주스

- ☐ run 동 달리다
- ☐ stairs 명 계단

- ☐ invent 동 발명하다
- ☐ special 형 특별한

8 The little boy can **speak French**.

그 어린 소년은 프랑스어를 말할 수 있다.

→ _____

9 Lions are **also** in **danger** in this jungle.

이 정글에서 사자들 또한 위험에 처해있다.

→ _____

10 Amy can **spell** her name **aloud**.

Amy는 큰 소리로 그녀의 이름의 철자를 말할 수 있다.

→ _____

11 I will **study hard** from today.

나는 오늘부터 열심히 공부할 것이다.

→ _____

12 The baby's skin is **soft** and **smooth**.

아기의 피부는 부드럽고 매끈하다.

→ _____

13 Put the **table** on the **carpet**.

그 탁자를 양탄자 위에 놓아라.

→ _____

14 **Koreans** use **chopsticks** every day.

한국 사람들은 매일 젓가락을 사용한다.

→ _____

☑ Words Check

- ☐ speak 동 말하다
- ☐ French 명 프랑스어

- ☐ also 부 또한, ~도
- ☐ danger 명 위험

- ☐ spell 동 철자를 쓰다[말하다]
- ☐ aloud 부 소리 내어, 큰 소리로

- ☐ study 동 공부하다
- ☐ hard 부 열심히

- ☐ soft 형 부드러운, 푹신한
- ☐ smooth 형 매끄러운

- ☐ table 명 탁자
- ☐ carpet 명 카펫, 양탄자

- ☐ Korean 명 한국 사람
- ☐ chopsticks 명 젓가락

A 다음 문장을 잘 듣고, 빈칸에 알맞은 말을 써넣으세요.

1 I drink orange _____ every morning.

2 The dogs run up the _____.

3 The hotel staff is very _____.

4 He will _____ a special camera.

5 Put the table on the _____.

6 The baby's skin is soft and _____.

7 Koreans use _____ every day.

B 다음 괄호 안에서 알맞은 말을 고르세요.

1 The roots in the (cloud / staff / soil) are long.

2 Amy can spell her name (bitter / aloud / soft).

3 The sun goes (also / hard / behind) a cloud.

4 Lions are also in (danger / track / bitter) in this jungle.

5 The little boy can (invent / speak / soil) French.

6 This coffee has a bitter (danger / staff / taste).

7 I will study (hard / helpful / special) from today.

C 다음 문장을 우리말로 옮기세요.

1 The sun goes behind a cloud.

→ _____

2 I will study hard from today.

→ _____

3 The roots in the soil are long.

→ _____

4 Lions are also in danger in this jungle.

→ _____

D 다음 우리말을 영어로 옮길 때, 빈칸에 필요한 말을 보기 에서 골라 써넣으세요. (중복 사용 가능)

보기

| drink | long | juice | morning | Koreans | chopsticks | up |
| spell | run | aloud | also | use | put | stairs |

1 나는 매일 아침 오렌지 주스를 마신다.

→ I _____ orange _____ every _____ .

2 한국 사람들은 매일 젓가락을 사용한다.

→ _____ _____ _____ every day.

3 그 개들이 계단 위로 달려간다.

→ The dogs _____ _____ the _____ .

4 Amy는 큰 소리로 그녀의 이름의 철자를 말할 수 있다.

→ Amy can _____ her name _____ .

Quick Check

● 다음의 알파벳으로 시작하는 우리말에 맞는 영단어를 쓰세요.

1 r_____ 뿌리	2 j_____ 주스	3 s_____ 계단	4 t_____ 탁자
5 c_____ 카펫, 양탄자	6 c_____ 젓가락	7 d_____ 마시다; 음료	8 s_____ 공부하다
9 h_____ 어려운, 힘든; 열심히	10 s_____ 직원	11 r_____ 달리다	12 b_____ ~뒤에
13 c_____ 구름	14 a_____ 또한, ~도	15 K_____ 한국어, 한국 사람	16 F_____ 프랑스어
17 t_____ 맛; 맛이 ~하다	18 b_____ 맛이 쓴	19 s_____ 부드러운, 푹신한	20 s_____ 매끄러운
21 s_____ 철자를 쓰다[말하다]	22 i_____ 발명하다	23 s_____ 토양, 흙	24 s_____ 이야기하다, 말하다
25 d_____ 위험	26 s_____ 특별한	27 h_____ 도움이 되는	28 a_____ 소리 내어, 큰 소리로

정답 >> p63

DAY 11 Words Preview

다음은 Day 11에서 짚어볼 28개의 영어 단어입니다. 각각의 단어는 Level 1 ~ Level 4의 순서로
나열되어 있습니다. 각각의 단어를 잘 듣고 소리 내어 따라하세요.

Level 1 0104	Level 1 0119	Level 1 0214	Level 1 0319
biscuit	**salt**	**living room**	**worry**
비스킷	소금	거실	걱정하다

Level 1 0331	Level 1 0364	Level 1 0365	Level 1 0382
job	**track**	**race**	**get**
직업, 직장, 일자리	경주로, 트랙	경주; 경주하다	얻다, 받다

Level 2 0387	Level 2 0423	Level 2 0440	Level 2 0472
check	**wait**	**around**	**chance**
수표; 확인하다	기다리다	~둘레에, ~주위에	가능성, 기회

Level 2 0555	Level 2 0597	Level 3 0661	Level 3 0708
type	**generous**	**turn**	**rest**
종류, 유형	너그러운	차례; 돌다, 돌리다	휴식; 쉬다

Level 3 0745	Level 3 0753	Level 3 0781	Level 3 0792
sweet	**big**	**add**	**smart**
단, 달콤한	(치수가) 큰	더하다	영리한, 똑똑한

Level 3 0834	Level 4 1081	Level 4 1085	Level 4 1111
hear	**story**	**about**	**battery**
듣다, 들리다	이야기	~에 대해; 대략	배터리, 건전지

Level 4 1112	Level 4 1117	Level 4 1148	Level 4 1173
charge	**message**	**noise**	**believe**
충전하다; 요금	메시지, 문자	소음	믿다, 생각하다

다음 문장을 잘 들은 후, 써보며 문장의 뜻을 이해합니다.

1 I like this **type** of **story**.

나는 이런 종류의 이야기를 좋아한다.

➡ _____

☐ **type** 명 종류, 유형
☐ **story** 명 이야기

2 Please **wait** your **turn**.

당신의 차례를 기다려주세요.

➡ _____

☐ **wait** 동 기다리다
☐ **turn** 명 차례

3 I **believe** he can win the **race**.

나는 그가 그 경주에서 이길 수 있다고 믿는다.

➡ _____

☐ **believe** 동 믿다, 생각하다
☐ **race** 명 경주

4 He can **get** a **job** in Korea.

그는 한국에서 직장을 구할 수 있다.

➡ _____

☐ **get** 동 얻다, 받다
☐ **job** 명 직업, 직장, 일자리

5 Please **charge** this **battery**.

이 배터리를 충전하세요.

➡ _____

☐ **charge** 동 충전하다
☐ **battery** 명 배터리, 건전지

6 **Add** some **salt** to the soup.

그 수프에 약간의 소금을 더해라.

➡ _____

☐ **add** 동 더하다
☐ **salt** 명 소금

7 Do not **worry about** your son.

너의 아들에 대해서 걱정하지 마라.

➡ _____

☐ **worry** 동 걱정하다
☐ **about** 전 ~에 대해

8 This is a **big chance** for us.
이것은 우리에게 큰 기회이다.

➡ _____

9 Let's take a **rest** in the **living room**.
거실에서 휴식을 취하자.

➡ _____

10 I can **hear noise** from his house.
나는 그의 집에서 나는 소음을 들을 수 있다.

➡ _____

11 This **biscuit** has a **sweet** smell.
이 비스킷은 달콤한 냄새를 가지고 있다[냄새가 난다].

➡ _____

12 I will **check** my **message** now.
내가 지금 내 메시지를 확인할게.

➡ _____

13 My aunt is **smart** and **generous**.
나의 이모는 똑똑하고 너그럽다.

➡ _____

14 The horse is running **around** the **track**.
그 말은 경주로 주위를 달리고 있다.

➡ _____

- big 형 (치수가) 큰
- chance 명 가능성, 기회
- rest 명 휴식
- living room 명 거실
- hear 동 듣다, 들리다
- noise 명 소음
- biscuit 명 비스킷
- sweet 형 단, 달콤한
- check 동 확인하다
- message 명 메시지, 문자
- smart 형 영리한, 똑똑한
- generous 형 너그러운
- around 전 ~둘레에 ~주위에
- track 명 경주로, 트랙

A 다음 문장을 잘 듣고, 빈칸에 알맞은 말을 써넣으세요.

1 Please _____ your turn.

2 I _____ he can win the race.

3 Please _____ this battery.

4 This _____ has a sweet smell.

5 My aunt is smart and _____.

6 Do not worry _____ your son.

7 Let's take a _____ in the living room.

B 다음 괄호 안에서 알맞은 말을 고르세요.

1 (Turn / Get / Add) some salt to the soup.

2 This is a big (chance / type / around) for us.

3 I like this (turn / type / track) of story.

4 I can hear (job / worry / noise) from his house.

5 He can (charge / add / get) a job in Korea.

6 I will (check / charge / wait) my message now.

7 The horse is running (around / about / race) the track.

C 다음 문장을 우리말로 옮기세요.

1 I like this type of story.

→ _____

2 This is a big chance for us.

→ _____

3 Please wait your turn.

→ _____

4 Let's take a rest in the living room.

→ _____

D 다음 우리말을 영어로 옮길 때, 빈칸에 필요한 말을 보기 에서 골라 써넣으세요. (중복 사용 가능)

보기

hear	like	get	race	around	believe	job
track	noise	from	take	win	about	check

1 나는 그의 집에서 나는 소음을 들을 수 있다.

→ I can _____ _____ _____ his house.

2 그는 한국에서 직장을 구할 수 있다.

→ He can _____ a _____ in Korea.

3 나는 그가 그 경주에서 이길 수 있다고 믿는다.

→ I _____ he can _____ the _____.

4 그 말은 경주로 주위를 달리고 있다.

→ The horse is running _____ the _____.

Quick Check

● 다음의 알파벳으로 시작하는 우리말에 맞는 영단어를 쓰세요.

1 **b**_____	2 **s**_____	3 **l**_____	4 **w**_____
비스킷	소금	거실	걱정하다

5 **j**_____	6 **t**_____	7 **r**_____	8 **g**_____
직업, 직장, 일자리	경주로, 트랙	경주; 경주하다	얻다, 받다

9 **c**_____	10 **w**_____	11 **a**_____	12 **c**_____
수표; 확인하다	기다리다	~둘레에[주위에]	가능성, 기회

13 **t**_____	14 **g**_____	15 **t**_____	16 **r**_____
종류, 유형	너그러운	차례; 돌다, 돌리다	휴식; 쉬다

17 **s**_____	18 **b**_____	19 **a**_____	20 **s**_____
단, 달콤한	(치수가) 큰	더하다	영리한, 똑똑한

21 **h**_____	22 **s**_____	23 **a**_____	24 **b**_____
듣다, 들리다	이야기	~에 대해; 대략	배터리, 건전지

25 **c**_____	26 **m**_____	27 **n**_____	28 **b**_____
충전하다; 요금	메시지, 문자	소음	믿다, 생각하다

정답 >> p64

Words Preview

다음은 Day 12에서 짚어볼 28개의 영어 단어입니다. 각각의 단어는 Level 1 ~ Level 4의 순서로 나열되어 있습니다. 각각의 단어를 잘 듣고 소리 내어 따라하세요.

Level 1 0207 **floor** 마루, 층	**Level 1** 0252 **sleep** 잠을 자다	**Level 1** 0273 **lesson** 수업	**Level 1** 0275 **gym** 체육관
Level 1 0289 **understand** 이해하다	**Level 2** 0315 **welcome** 환영하다	**Level 2** 0318 **laugh** 웃음; 웃다	**Level 2** 0366 **court** 경기장, 법정
Level 2 0381 **money** 돈	**Level 2** 0395 **save** 저축하다, 구하다	**Level 2** 0410 **future** 미래	**Level 2** 0462 **week** 일주일
Level 2 0503 **violin** 바이올린	**Level 2** 0505 **guitar** 기타	**Level 2** 0543 **practice** 연습; 연습하다	**Level 2** 0586 **Europe** 유럽
Level 2 0593 **kind** 친절한; 종류	**Level 3** 0623 **Japanese** 일본어, 일본사람	**Level 3** 0644 **office** 사무실	**Level 3** 0704 **travel** 여행하다, 이동하다
Level 3 0722 **party** 파티	**Level 3** 0777 **few** 약간의, 거의 없는	**Level 3** 0800 **selfish** 이기적인	**Level 3** 0883 **alone** 혼자
Level 3 0890 **last** 마지막의, 지난	**Level 4** 1090 **joke** 농담	**Level 4** 1168 **thank** 고마워하다	**Level 4** 1172 **decide** 결정하다, 결심하다

다음 문장을 잘 들은 후, 써보며 문장의 뜻을 이해합니다.

1 His **office** is on the first **floor**.

그의 사무실은 1층에 있다.

➡ _____

2 **Thank** you for your **kind** help.

당신의 친절한 도움에 감사드립니다.

➡ _____

3 My sister can **understand Japanese**.

나의 언니는 일본어를 이해할 수 있다.

➡ _____

4 They can't **decide** my **future**.

그들이 나의 미래를 결정할 수 없다.

➡ _____

5 He does not **laugh** at my **jokes**.

그는 내 농담에 웃지 않는다.

➡ _____

6 He went to Korea **last week**.

그는 지난주에 한국에 갔다.

➡ _____

7 They **practice** the **violin** every day.

그들은 매일 바이올린을 연습한다.

➡ _____

☑ **Words Check**

- [ ] office 명 사무실
- [ ] floor 명 마루, 층

- [ ] thank 동 고마워하다
- [ ] kind 형 친절한

- [ ] understand 동 이해하다
- [ ] Japanese 명 일본어, 일본사람

- [ ] decide 동 결정하다
- [ ] future 명 미래

- [ ] laugh 동 웃다
- [ ] joke 명 농담

- [ ] last 형 지난
- [ ] week 명 일주일

- [ ] practice 동 연습하다
- [ ] violin 명 바이올린

8 I will **travel** around **Europe**.
나는 유럽을 여행할 것이다.

➡ _____

9 We **welcome** you to our **party**.
우리는 당신이 우리의 파티에 오신 것을 환영합니다.

➡ _____

10 They **save money** for their kids.
그들은 그들의 아이들을 위해 돈을 저축한다.

➡ _____

11 Zebras can't **sleep alone**.
얼룩말들은 혼자 잘 수 없다.

➡ _____

12 I will take **guitar lessons** this year.
나는 올해 기타 수업을 받을 것이다.

➡ _____

13 There is a tennis **court** in the **gym**.
체육관에 테니스 코트가 하나 있다.

➡ _____

14 The **selfish** boy has **few** friends.
그 이기적인 소년은 친구가 거의 없다.

➡ _____

☑ Words Check

☐ travel 동 여행하다
☐ Europe 명 유럽

☐ welcome 동 환영하다
☐ party 명 파티

☐ save 동 저축하다
☐ money 명 돈

☐ sleep 동 잠을 자다
☐ alone 부 혼자

☐ guitar 명 기타
☐ lesson 명 수업

☐ court 명 경기장
☐ gym 명 체육관

☐ selfish 형 이기적인
☐ few 형 거의 없는, 약간의

A 다음 문장을 잘 듣고, 빈칸에 알맞은 말을 써넣으세요.

1 Thank you for your _____ help.

2 He does not _____ at my jokes.

3 He went to Korea _____ week.

4 His _____ is on the first floor.

5 I will travel around _____ .

6 My sister can _____ Japanese.

7 We _____ you to our party.

B 다음 괄호 안에서 알맞은 말을 고르세요.

1 I will take guitar (lessons / offices / money) this year.

2 There is a tennis (travel / court / few) in the gym.

3 They can't (decide / practice / lesson) my future.

4 The (help / selfish / alone) boy has few friends.

5 They (laugh / practice / last) the violin every day.

6 They (save / decide / practice) money for their kids.

7 Zebras can't sleep (last / poor / alone).

C 다음 문장을 우리말로 옮기세요.

1 He does not laugh at my jokes.
→ _____

2 The selfish boy has few friends.
→ _____

3 He went to Korea last week.
→ _____

4 They save money for their kids.
→ _____

D 다음 우리말을 영어로 옮길 때, 빈칸에 필요한 말을 보기 에서 골라 써넣으세요. (중복 사용 가능)

보기

future	Europe	think	guitar	office	first	to
around	floor	decide	travel	take	one	lessons

1 그의 사무실은 1층에 있다.
→ His _____ is on the _____ _____ .

2 나는 유럽을 여행할 것이다.
→ I will _____ _____ _____ .

3 그들이 나의 미래를 결정할 수 없다.
→ They can't _____ my _____ .

4 나는 올해 기타 수업을 받을 것이다.
→ I will _____ _____ _____ this year.

Quick Check

● 다음의 알파벳으로 시작하는 우리말에 맞는 영단어를 쓰세요.

1 **f**_____ 마루, 층	2 **s**_____ 잠을 자다	3 **l**_____ 수업	4 **g**_____ 체육관
5 **u**_____ 이해하다	6 **w**_____ 환영하다	7 **l**_____ 웃음; 웃다	8 **c**_____ 경기장, 법정
9 **m**_____ 돈	10 **s**_____ 저축하다, 구하다	11 **f**_____ 미래	12 **w**_____ 일주일
13 **v**_____ 바이올린	14 **g**_____ 기타	15 **p**_____ 연습; 연습하다	16 **E**_____ 유럽
17 **k**_____ 친절한; 종류	18 **J**_____ 일본어, 일본사람	19 **o**_____ 사무실	20 **t**_____ 여행하다, 이동하다
21 **p**_____ 파티	22 **f**_____ 약간의, 거의 없는	23 **s**_____ 이기적인	24 **a**_____ 혼자
25 **l**_____ 마지막의, 지난	26 **j**_____ 농담	27 **t**_____ 고마워하다	28 **d**_____ 결정하다, 결심하다

정답 >> p64

다음은 Day 13에서 짚어볼 28개의 영어 단어입니다. 각각의 단어는 Level 1 ~ Level 4의 순서로
나열되어 있습니다. 각각의 단어를 잘 듣고 소리 내어 따라하세요.

Level 1 0165	Level 1 0259	Level 1 0262	Level 1 0291
finger	**break**	**class**	**pencil**
손가락	깨뜨리다, 부수다, 고장내다	수업, 학급	연필

Level 1 0341	Level 2 0422	Level 2 0435	Level 2 0518
artist	**begin**	**below**	**band**
화가, 예술가	시작하다	~보다 아래에	밴드

Level 2 0523	Level 3 0632	Level 3 0668	Level 3 0677
paper	**cafe**	**base**	**fall**
종이	카페	맨 아래 부분, 기초	가을; 떨어지다

Level 3 0717	Level 3 0761	Level 3 0785	Level 3 0824
lamp	**thick**	**heavy**	**circle**
램프, 등	두꺼운	(양이 보통보다) 많은, 무거운	동그라미, 원

Level 3 0826	Level 3 0831	Level 3 0833	Level 4 0930
heart	**see**	**watch**	**tower**
하트 (모양), 심장	보다, 보이다, 이해하다	(집중하여 일정 기간) 보다	탑

Level 4 0931	Level 4 0985	Level 4 1028	Level 4 1058
build	**movie**	**design**	**hill**
짓다, 건설하다	영화	디자인; 디자인하다	언덕

Level 4 1078	Level 4 1137	Level 4 1151	Level 4 1156
spaceship	**perform**	**idea**	**tell**
우주선	공연하다	생각, 계획	말하다

Day > 13 **Words in Sentences**

다음 문장을 잘 들은 후, 써보며 문장의 뜻을 이해합니다.

☑ Words Check

1 The first **class begins** at 9.
첫 수업은 9시에 시작한다.

→ _____

☐ class 명 수업
☐ begin 동 시작하다

2 Many people **watch movies** at home.
많은 사람들이 집에서 영화를 본다.

→ _____

☐ watch 동 보다
☐ movie 명 영화

3 The **band** is **performing** in the park.
그 밴드가 공원에서 공연하고 있다.

→ _____

☐ band 명 밴드
☐ perform 동 공연하다

4 The man **breaks** the **thick** ice.
그 남자는 그 두꺼운 얼음을 깬다.

→ _____

☐ break 동 깨뜨리다
☐ thick 형 두꺼운

5 Please **see below** this line.
이 선(보다) 아래를 보세요.

→ _____

☐ see 동 보다
☐ below 전 ~보다 아래에

6 **Heavy** rain will **fall** today.
오늘 많은 비가 내릴 것이다.

→ _____

☐ heavy 형 많은, 무거운
☐ fall 동 떨어지다

7 They **build** a wall around the **spaceship**.
그들은 그 우주선 둘레에 벽을 짓는다[세운다].

→ _____

☐ build 동 짓다, 건설하다
☐ spaceship 명 우주선

8 He **designed** the **cafe** 2 years ago.

그는 2년 전에 그 카페를 디자인했다.

➡ _____

9 Draw a **circle** with your **finger**.

너의 손가락으로 원을 하나 그려라.

➡ _____

10 They build a **tower** on the **hill**.

그들은 언덕 위에 탑을 짓는다.

➡ _____

11 The **lamp** has a heavy **base**.

그 램프는 밑받침이 무겁다.

➡ _____

12 Cut the **paper** in a **heart** shape.

그 종이를 하트 모양으로 잘라라.

➡ _____

13 The **artist** draws lines with a **pencil**.

그 화가는 연필로 선들을 그린다.

➡ _____

14 Can you **tell** me about your new **idea**?

너의 새로운 아이디어에 대해 내게 말해주겠니?

➡ _____

DAY 13 **097**

☑ Words Check

- ☐ design 통 디자인하다
- ☐ cafe 명 카페

- ☐ circle 명 동그라미, 원
- ☐ finger 명 손가락

- ☐ tower 명 탑
- ☐ hill 명 언덕

- ☐ lamp 명 램프, 등
- ☐ base 명 맨 아래 부분

- ☐ paper 명 종이
- ☐ heart 명 하트 (모양)

- ☐ artist 명 화가, 예술가
- ☐ pencil 명 연필

- ☐ tell 통 말하다
- ☐ idea 명 생각, 계획

A 다음 문장을 잘 듣고, 빈칸에 알맞은 말을 써넣으세요.

1 The _____ has a heavy base.

2 Draw a _____ with your finger.

3 Please see _____ this line.

4 They build a _____ on the hill.

5 He _____ the cafe 2 years ago.

6 Cut the paper in a _____ shape.

7 Can you tell me about your new _____ ?

B 다음 괄호 안에서 알맞은 말을 고르세요.

1 (Thick / Heavy / Circle) rain will fall today.

2 The first class (breaks / tells / begins) at 9.

3 The artist draws lines with a (pencil / base / perform).

4 Many people (begin / watch / large) movies at home.

5 The band is (watching / designing / performing) in the park.

6 The man (falls / begins / breaks) the thick ice.

7 They (begin / perform / build) a wall around the spaceship.

C 다음 문장을 우리말로 옮기세요.

1 Heavy rain will fall today.

→ _____

2 The band is performing in the park.

→ _____

3 Cut the paper in a heart shape.

→ _____

4 Please see below this line.

→ _____

D 다음 우리말을 영어로 옮길 때, 빈칸에 필요한 말을 보기에서 골라 써넣으세요. (중복 사용 가능)

보기

draw	build	line	idea	first	finger	wall
class	hand	begins	spaceship	circle	tell	think

1 첫 수업은 9시에 시작한다.

→ The _____ _____ _____ at 9.

2 너의 손가락으로 원을 하나 그려라.

→ _____ a _____ with your _____ .

3 너의 새로운 아이디어에 대해 내게 말해주겠니?

→ Can you _____ me about your new _____ ?

4 그들은 그 우주선 둘레에 벽을 세운다.

→ They _____ a _____ around the _____ .

Quick Check

● 다음의 알파벳으로 시작하는 우리말에 맞는 영단어를 쓰세요.

1 **f**＿＿＿＿＿ 손가락	2 **b**＿＿＿＿＿ 깨뜨리다, 부수다, 고장내다	3 **c**＿＿＿＿＿ 수업, 학급	4 **p**＿＿＿＿＿ 연필
5 **a**＿＿＿＿＿ 화가, 예술가	6 **b**＿＿＿＿＿ 시작하다	7 **b**＿＿＿＿＿ ~보다 아래에	8 **b**＿＿＿＿＿ 밴드
9 **p**＿＿＿＿＿ 송이	10 **c**＿＿＿＿＿ 카페	11 **b**＿＿＿＿＿ 맨 아래 부분, 기초	12 **f**＿＿＿＿＿ 가을; 떨어지다
13 **l**＿＿＿＿＿ 램프, 등	14 **t**＿＿＿＿＿ 두꺼운	15 **h**＿＿＿＿＿ (양이 보통보다) 많은, 무거운	16 **c**＿＿＿＿＿ 동그라미, 원
17 **h**＿＿＿＿＿ 하트 (모양), 심장	18 **s**＿＿＿＿＿ 보다, 보이다, 이해하다	19 **w**＿＿＿＿＿ (집중하여 일정 기간) 보다	20 **t**＿＿＿＿＿ 탑
21 **b**＿＿＿＿＿ 짓다, 건설하다	22 **m**＿＿＿＿＿ 영화	23 **d**＿＿＿＿＿ 디자인하다; 디자인	24 **h**＿＿＿＿＿ 언덕
25 **s**＿＿＿＿＿ 우주선	26 **p**＿＿＿＿＿ 공연하다	27 **i**＿＿＿＿＿ 생각, 계획	28 **t**＿＿＿＿＿ 말하다

정답 >> p64

Words Preview

다음은 Day 14에서 짚어볼 28개의 영어 단어입니다. 각각의 단어는 Level 1 ~ Level 4의 순서로
나열되어 있습니다. 각각의 단어를 잘 듣고 소리 내어 따라하세요.

Level 1 0028 **adult** 어른, 성인; 다 자란	Level 1 0118 **chocolate** 초콜릿	Level 1 0130 **finish** 끝나다, 끝내다, 다 먹다	Level 1 0151 **face** 얼굴; 마주보다
Level 1 0244 **grow** 기르다, 자라다	Level 1 0290 **know** 알다	Level 2 0332 **project** 프로젝트, 과제	Level 2 0380 **bend** 구부리다
Level 2 0383 **give** 주다	Level 2 0556 **nothing** 아무것도 아닌 것	Level 2 0591 **act** 행동하다	Level 3 0650 **square** 광장
Level 3 0652 **left** 왼쪽; 왼쪽의	Level 3 0674 **spring** 봄	Level 3 0732 **hug** 껴안다; 포옹	Level 3 0737 **congratulate** 축하하다
Level 3 0740 **wedding** 결혼, 결혼식	Level 3 0782 **all** 모든; 모두	Level 3 0877 **with** ~와 함께, ~을 가진	Level 3 0891 **become** ~이 되다
Level 4 0914 **traffic light** 신호등	Level 4 0928 **crossroad** 교차로, 네거리	Level 4 0929 **factory** 공장	Level 4 1071 **space** 우주, 공간
Level 4 1073 **moon** 달. (지구 외 행성의) 위성	Level 4 1080 **satellite** 위성, 인공위성	Level 4 1132 **matter** 문제	Level 4 1146 **careful** 조심하는

😊 다음 문장을 잘 들은 후, 써보며 문장의 뜻을 이해합니다.

Words Check

1 The **moon** is a **satellite** of the earth.
달은 지구의 위성이다.
➡ _____

☐ moon 몡 달
☐ satellite 몡 (인공) 위성

2 Be **careful** at the **crossroad**.
교차로에서 조심해라.
➡ _____

☐ careful 혱 조심하는
☐ crossroad 몡 교차로

3 **Bend** your body to the **left**.
너의 몸을 왼쪽으로 구부려라.
➡ _____

☐ bend 동 구부리다
☐ left 몡 왼쪽

4 My uncle works in the **chocolate factory**.
나의 삼촌은 초콜릿 공장에서 일하신다.
➡ _____

☐ chocolate 몡 초콜릿
☐ factory 몡 공장

5 In **spring**, the seed **becomes** a rose.
봄에 그 씨앗은 장미가 된다.
➡ _____

☐ spring 몡 봄
☐ become 동 ~이 되다

6 They **congratulate** Tom on his **wedding**.
그들은 Tom의 결혼을 축하한다.
➡ _____

☐ congratulate
   동 축하하다
☐ wedding 몡 결혼, 결혼식

7 The building **faces** the **square**.
그 건물은 광장을 마주하고 있다.
➡ _____

☐ face 동 마주보다
☐ square 몡 광장

8 My brother **acts** like an **adult**.
나의 남동생은 어른처럼 행동한다.

➜ _____

☐ act 통 행동하다
☐ adult 명 어른, 성인

9 When will you **finish** your **project**?
너는 너의 과제를 언제 끝낼 거니?

➜ _____

☐ finish 통 끝내다
☐ project 명 프로젝트, 과제

10 I **know nothing** about it.
나는 그것에 대해 아무것도 모른다.

➜ _____

☐ know 통 알다
☐ nothing 명 아무것도 아닌 것

11 We can **grow** food in **space**.
우리는 우주에서 식량을 키울 수 있다.

➜ _____

☐ grow 통 기르다
☐ space 명 우주

12 What is the **matter with** you?
너 무슨 일 있니?

➜ _____

☐ matter 명 문제
☐ with 전 ~와 함께, ~을 가진

13 My grandma **gives** me a big **hug**.
나의 할머니는 나를 꼭 안아 주신다.

➜ _____

☐ give 통 주다
☐ hug 명 포옹

14 We **all** stop at red **traffic lights**.
우리 모두는 빨간색 신호등에서 멈춘다.

➜ _____

☐ all 부 모두
☐ traffic light 명 신호등

A 다음 문장을 잘 듣고, 빈칸에 알맞은 말을 써넣으세요.

1 _____ your body to the left.

2 My grandma _____ me a big hug.

3 Be _____ at the crossroad.

4 My uncle works in the _____ factory.

5 I know _____ about it.

6 They _____ Tom on his wedding.

7 The moon is a _____ of the earth.

B 다음 괄호 안에서 알맞은 말을 고르세요.

1 What is the (nothing / matter / act) with you?

2 The building (bends / gives / faces) the square.

3 We can (act / become / grow) food in space.

4 In spring, the seed (bends / keeps / becomes) a rose.

5 We (careful / act / all) stop at red traffic lights.

6 My brother (keeps / acts / grows) like an adult.

7 When will you (finish / know / congratulate) your project?

C 다음 문장을 우리말로 옮기세요.

1 The building faces the square.

➡ _____

2 My brother acts like an adult.

➡ _____

3 I know nothing about it.

➡ _____

4 What is the matter with you?

➡ _____

D 다음 우리말을 영어로 옮길 때, 빈칸에 필요한 말을 보기에서 골라 써넣으세요. (중복 사용 가능)

보기

grow	food	space	gives	hug	takes	bend
all	stop	traffic	has	body	lights	left

1 너의 몸을 왼쪽으로 구부려라.

➡ _____ your _____ to the _____.

2 우리는 우주에서 식량을 키울 수 있다.

➡ We can _____ _____ in _____.

3 나의 할머니는 나를 꼭 안아 주신다.

➡ My grandma _____ me a big _____.

4 우리 모두는 빨간색 신호등에서 멈춘다.

➡ We _____ _____ at red _____ _____.

Quick Check

● 다음의 알파벳으로 시작하는 우리말에 맞는 영단어를 쓰세요.

1 **a**＿＿＿＿＿ 어른, 성인	2 **c**＿＿＿＿＿ 초콜릿	3 **f**＿＿＿＿＿ 끝나다, 끝내다, 다 먹다	4 **f**＿＿＿＿＿ 얼굴; 마주보다
5 **g**＿＿＿＿＿ 기르다, 자라다	6 **k**＿＿＿＿＿ 알다	7 **p**＿＿＿＿＿ 프로젝트, 과제	8 **b**＿＿＿＿＿ 구부리다
9 **g**＿＿＿＿＿ 주다	10 **n**＿＿＿＿＿ 아무것도 아닌 것	11 **a**＿＿＿＿＿ 행동하다	12 **s**＿＿＿＿＿ 광장
13 **l**＿＿＿＿＿ 왼쪽; 왼쪽의	14 **s**＿＿＿＿＿ 봄	15 **h**＿＿＿＿＿ 껴안다; 포옹	16 **c**＿＿＿＿＿ 축하하다
17 **w**＿＿＿＿＿ 결혼, 결혼식	18 **a**＿＿＿＿＿ 모든; 모두	19 **w**＿＿＿＿＿ ~와 함께, ~을 가진	20 **b**＿＿＿＿＿ ~이 되다
21 **t**＿＿＿＿＿ 신호등	22 **c**＿＿＿＿＿ 교차로, 네거리	23 **f**＿＿＿＿＿ 공장	24 **s**＿＿＿＿＿ 우주, 공간
25 **m**＿＿＿＿＿ 달. (지구 외 행성의) 위성	26 **s**＿＿＿＿＿ 인공위성	27 **m**＿＿＿＿＿ 문제	28 **c**＿＿＿＿＿ 조심하는

정답 >> p65

Words Preview

다음은 Day 15에서 짚어볼 28개의 영어 단어입니다. 각각의 단어는 Level 1 ~ Level 4의 순서로
나열되어 있습니다. 각각의 단어를 잘 듣고 소리 내어 따라하세요.

Level 1 0081	Level 1 0157	Level 1 0293	Level 2 0305
fruit	**head**	**eraser**	**fun**
과일	머리	지우개	재미있는, 즐거운

Level 2 0336	Level 2 0350	Level 2 0371	Level 2 0386
company	**pilot**	**roll**	**cash**
회사, 동료	조종사	굴리다, 구르다	현금

Level 2 0392	Level 2 0433	Level 2 0449	Level 2 0562
pay	**under**	**over**	**death**
지불하다	~아래에	너머, 건너; ~위에	죽음

Level 2 0570	Level 3 0779	Level 3 0791	Level 4 0926
flow	**both**	**wise**	**bridge**
흐르다	둘 다; 둘 다의	지혜로운, 현명한	다리

Level 4 0933	Level 4 0940	Level 4 0941	Level 4 0989
inside	**post office**	**cross**	**stamp**
~안으로; 내부	우체국	건너다, 가로지르다	우표

Level 4 0993	Level 4 1023	Level 4 1069	Level 4 1100
visit	**sell**	**stream**	**life**
방문하다	팔다	개울, 시내	삶, 인생, 생명

Level 4 1134	Level 4 1166	Level 4 1180	Level 4 1198
case	**excellent**	**because**	**control**
경우, 사건, 상자	훌륭한	~ 때문에, ~해서	조절하다, 통제하다

🔊 다음 문장을 잘 들은 후, 써보며 문장의 뜻을 이해합니다.

☑ **Words Check**

1 A bee is flying **over** my **head**.
벌 한 마리가 내 머리 위를 날고 있다.

➡ _____

☐ over 전 ~위에
☐ head 명 머리

2 They **roll** an **eraser** on the desk.
그들은 책상 위에서 지우개를 굴린다.

➡ _____

☐ roll 동 굴리다
☐ eraser 명 지우개

3 We have a **fun** time in the **stream**.
우리는 개울에서 즐거운 시간을 보낸다.

➡ _____

☐ fun 형 재미있는, 즐거운
☐ stream 명 개울, 시내

4 You can buy **stamps** at the **post office**.
너는 우체국에서 우표들을 살 수 있다.

➡ _____

☐ stamp 명 우표
☐ post office 명 우체국

5 A **pilot** can **control** an airplane.
조종사는 비행기를 제어할 수 있다.

➡ _____

☐ pilot 명 조종사
☐ control 동 조절하다

6 I will **visit** my father's **company** today.
나는 오늘 나의 아버지의 회사를 방문할 것이다.

➡ _____

☐ visit 동 방문하다
☐ company 명 회사

7 The **bridge crosses** over the river.
그 다리는 강 위를 가로지른다.

➡ _____

☐ bridge 명 다리
☐ cross 동 건너다, 가로지르다

8 **Both** are **excellent** movies.

둘 다 훌륭한 영화이다.

➡ _____

9 The **inside** of the **case** is red.

그 상자의 내부는 빨간색이다.

➡ _____

10 I like him **because** he is **wise**.

나는 그가 현명해서 그를 좋아한다.

➡ _____

11 The shop **sells** fresh **fruit**.

그 가게는 신선한 과일을 판다.

➡ _____

12 I will **pay** for this in **cash**.

나는 이것을 현금으로 지불할 것이다.

➡ _____

13 The movie is about **life** and **death**.

그 영화는 삶과 죽음에 대한 것이다.

➡ _____

14 A stream **flows** **under** the bridge.

다리 아래로 개울이 흐른다.

➡ _____

A　다음 문장을 잘 듣고, 빈칸에 알맞은 말을 써넣으세요.

1　They _____ an eraser on the desk.

2　I like him _____ he is wise.

3　A stream _____ under the bridge.

4　The _____ of the case is red.

5　You can buy _____ at the post office.

6　The movie is about life and _____ .

7　_____ are excellent movies.

B　다음 괄호 안에서 알맞은 말을 고르세요.

1　We have a (wise / well / fun) time in the stream.

2　A pilot can (control / pay / inside) an airplane.

3　The bridge (rolls / crosses / flows) over the river.

4　I will (fun / visit / both) my father's company today.

5　A bee is flying (over / fun / flow) my head.

6　I will (pay / flow / cross) for this in cash.

7　The shop (controls / rolls / sells) fresh fruit.

C 다음 문장을 우리말로 옮기세요.

1 Both are excellent movies.

➡ _____

2 We have a fun time in the stream.

➡ _____

3 I will visit my father's company today.

➡ _____

4 I will pay for this in cash.

➡ _____

D 다음 우리말을 영어로 옮길 때, 빈칸에 필요한 말을 (보기)에서 골라 써넣으세요. (중복 사용 가능)

> 보기
>
> | head | on | comes | under | river | crosses | flows |
> | bridge | good | because | wise | over | and | controls |

1 벌 한 마리가 내 머리 위를 날고 있다.

➡ A bee is flying _____ my _____.

2 다리 아래로 개울이 흐른다.

➡ A stream _____ _____ the _____.

3 나는 그가 현명해서 그를 좋아한다.

➡ I like him _____ he is _____.

4 그 다리는 강 위를 가로지른다.

➡ The _____ _____ the _____.

Quick Check

● 다음의 알파벳으로 시작하는 우리말에 맞는 영단어를 쓰세요.

1 f_____ 과일	2 h_____ 머리	3 e_____ 지우개	4 f_____ 재미있는, 즐거운
5 c_____ 회사, 동료	6 p_____ 조종사	7 r_____ 굴리다, 구르다	8 c_____ 현금
9 p_____ 지불하다	10 u_____ ~아래에	11 o_____ 너머, 건너; ~위에	12 d_____ 죽음
13 f_____ 흐르다	14 b_____ 둘 다; 둘 다의	15 w_____ 지혜로운, 현명한	16 b_____ 다리
17 i_____ ~안으로; 내부	18 p_____ 우체국	19 c_____ 건너다, 가로지르다	20 s_____ 우표
21 v_____ 방문하다	22 s_____ 팔다	23 s_____ 개울, 시내	24 l_____ 삶, 인생, 생명
25 c_____ 경우, 사건, 상자	26 e_____ 훌륭한	27 b_____ ~ 때문에, ~해서	28 c_____ 조절하다, 통제하다

정답 >> p65

DAY 16 Words Preview

다음은 Day 16에서 짚어볼 28개의 영어 단어입니다. 각각의 단어는 Level 1 ~ Level 4의 순서로
나열되어 있습니다. 각각의 단어를 잘 듣고 소리 내어 따라하세요.

Level 1 0029	Level 1 0054	Level 1 0102	Level 1 0199
family 가족	**dolphin** 돌고래	**breakfast** 아침 식사	**pink** 분홍색; 분홍색의

Level 1 0284	Level 1 0299	Level 2 0347	Level 2 0420
word 단어, 낱말	**dictionary** 사전	**cook** 요리사; 요리하다	**soon** 곧

Level 2 0442	Level 2 0467	Level 2 0490	Level 3 0608
low 낮은; 낮게	**Christmas** 크리스마스	**blow** (바람이) 불다	**health** 보건, 건강

Level 3 0654	Level 3 0662	Level 3 0669	Level 3 0670
west 서쪽	**return** 돌아오다, 돌아가다	**toward** ~를 향하여	**near** ~가까이, ~근처에

Level 3 0705	Level 3 0707	Level 3 0879	Level 3 0886
trip 여행	**ticket** 티켓, 표	**ready** 준비가 된	**deep** 깊은

Level 4 0901	Level 4 0943	Level 4 0978	Level 4 1024
introduce 소개하다	**way** 길, 방법	**speed** 속도	**cost** (비용이) ~이다[들다]

Level 4 1084	Level 4 1122	Level 4 1131	Level 4 1159
point 요점; 가리키다	**newspaper** 신문	**culture** 문화	**care** 돌봄; 돌보다, 마음 쓰다

🔵 다음 문장을 잘 들은 후, 써보며 문장의 뜻을 이해합니다.

Words Check

1 A **ticket costs** 10 dollars.
표는 10달러이다.

→ _____

☐ **ticket** 명 티켓, 표
☐ **cost** 동 (비용이) ~이다[들다]

2 We can see a **pink dolphin** in the zoo.
우리는 동물원에서 분홍색 돌고래를 볼 수 있다.

→ _____

☐ **pink** 형 분홍색의
☐ **dolphin** 명 돌고래

3 We will go that **way soon**.
우리는 곧 저 길로 갈 것이다.

→ _____

☐ **way** 명 길, 방법
☐ **soon** 부 곧

4 She **returned** home from her **trip**.
그녀는 그녀의 여행에서 집으로 돌아왔다.

→ _____

☐ **return** 동 돌아오다
☐ **trip** 명 여행

5 Are you **ready** for the **family** trip?
너는 가족 여행갈 준비가 되었니?

→ _____

☐ **ready** 형 준비가 된
☐ **family** 명 가족

6 They **point toward** the post office.
그들은 우체국을 향해 가리킨다.

→ _____

☐ **point** 동 가리키다
☐ **toward** 전 ~를 향하여

7 She will **cook** a turkey on **Christmas** day.
그녀는 크리스마스 날에 칠면조를 요리할 것이다.

→ _____

☐ **cook** 동 요리하다
☐ **Christmas** 명 크리스마스

8 Do not play **near** the **deep** water.
깊은 물 가까이에서 놀지 마라.

➡ _____

9 The **dictionary** is full of **words**.
그 사전은 단어들로 가득 차 있다.

➡ _____

10 My parents **care** about my **health**.
나의 부모님은 나의 건강에 대해 마음을 쓰신다.

➡ _____

11 The wind is **blowing** from the **west**.
바람이 서쪽에서 불어오고 있다.

➡ _____

12 I read the **newspaper** after **breakfast**.
나는 아침 식사 후에 신문을 읽는다.

➡ _____

13 I will **introduce** Korean **culture** to you.
나는 여러분에게 한국 문화를 소개할 것이다.

➡ _____

14 The man is driving at a **low speed**.
그 남자는 낮은 속도로 운전하고 있다.

➡ _____

☑ **Words Check**

- [ ] **near** 전 ~가까이, ~근처에
- [ ] **deep** 형 깊은

- [ ] **dictionary** 명 사전
- [ ] **word** 명 단어, 낱말

- [ ] **care** 동 돌보다, 마음 쓰다
- [ ] **health** 명 보건, 건강

- [ ] **blow** 동 (바람이) 불다
- [ ] **west** 명 서쪽

- [ ] **newspaper** 명 신문
- [ ] **breakfast** 명 아침 식사

- [ ] **introduce** 동 소개하다
- [ ] **culture** 명 문화

- [ ] **low** 형 낮은
- [ ] **speed** 명 속도

A 다음 문장을 잘 듣고, 빈칸에 알맞은 말을 써넣으세요.

1 She returned home from her _____ .

2 We can see a pink _____ in the zoo.

3 The _____ is full of words.

4 The wind is _____ from the west.

5 They point _____ the post office.

6 I read the newspaper after _____ .

7 She will cook a turkey on _____ day.

B 다음 괄호 안에서 알맞은 말을 고르세요.

1 A ticket (points / costs / introduces) 10 dollars.

2 Are you (ready / returned / care) for the family trip?

3 The man is driving at a (low / near / deep) speed.

4 We will go that way (soon / deep / speed) .

5 My parents (cost / care / introduce) about my health.

6 Do not play (soon / ready / near) the deep water.

7 I will (return / introduce / point) Korean culture to you.

C 다음 문장을 우리말로 옮기세요.

1 The dictionary is full of words.

→ _____

2 A ticket costs 10 dollars.

→ _____

3 My parents care about my health.

→ _____

4 The man is driving at a low speed.

→ _____

D 다음 우리말을 영어로 옮길 때, 빈칸에 필요한 말을 보기 에서 골라 써넣으세요. (중복 사용 가능)

보기

trip	from	home	turned	deep	for	way
near	soon	point	finger	toward	word	returned

1 우리는 곧 저 길로 갈 것이다.

→ We will go that _____ _____ .

2 그녀는 그녀의 여행에서 집으로 돌아왔다.

→ She _____ _____ from her _____ .

3 그들은 우체국을 향해 가리킨다.

→ They _____ _____ the post office.

4 깊은 물 가까이에서 놀지 마라.

→ Do not play _____ the _____ water.

Quick Check

● 다음의 알파벳으로 시작하는 우리말에 맞는 영단어를 쓰세요.

1 **f**_____ 가족	2 **d**_____ 돌고래	3 **b**_____ 아침 식사	4 **p**_____ 분홍색; 분홍색의
5 **w**_____ 단어, 낱말	6 **d**_____ 사전	7 **c**_____ 요리사; 요리하다	8 **s**_____ 곧
9 **l**_____ 낮은; 낮게	10 **C**_____ 크리스마스	11 **b**_____ (바람이) 불다	12 **h**_____ 보건, 건강
13 **w**_____ 서쪽	14 **r**_____ 돌아오다, 돌아가다	15 **t**_____ ~를 향하여	16 **n**_____ ~가까이, ~근처에
17 **t**_____ 여행	18 **t**_____ 티켓, 표	19 **r**_____ 준비가 된	20 **d**_____ 깊은
21 **i**_____ 소개하다	22 **w**_____ 길, 방법	23 **s**_____ 속도	24 **c**_____ (비용이) ~이다[들다]
25 **p**_____ 요점; 가리키다	26 **n**_____ 신문	27 **c**_____ 문화	28 **c**_____ 돌봄; 돌보다, 마음 쓰다

정답 >> p65

DAY 17 Words Preview

다음은 Day 17에서 짚어볼 28개의 영어 단어입니다. 각각의 단어는 Level 1 ~ Level 4의 순서로
나열되어 있습니다. 각각의 단어를 잘 듣고 소리 내어 따라하세요.

Level 1 0009 **age** 나이	Level 1 0027 **cousin** 사촌	Level 1 0250 **plant** 식물; 심다	Level 1 0268 **homework** 숙제
Level 1 0270 **forget** 잊다	Level 1 0296 **notebook** 공책	Level 2 0374 **bounce** 튀기다	Level 2 0402 **next** 다음의
Level 2 0447 **far** 멀리 떨어진; 멀리	Level 2 0512 **song** 노래	Level 2 0536 **tear** 찢다; 눈물	Level 2 0551 **light** 빛; 가벼운
Level 2 0553 **air** 공기, 공중	Level 2 0554 **energy** 에너지	Level 2 0567 **land** 육지; 착륙하다	Level 2 0581 **world** 세계, 세상
Level 3 0640 **hospital** 병원	Level 3 0678 **winter** 겨울	Level 3 0691 **never** 결코[절대] ~않다	Level 3 0697 **once** 한 번
Level 3 0703 **abroad** 해외로	Level 3 0724 **balloon** 풍선	Level 3 0797 **active** 활동적인, 적극적인	Level 4 1052 **island** 섬
Level 4 1150 **campaign** 캠페인	Level 4 1165 **best** 최고; 최고의; 가장 잘	Level 4 1176 **focus** 집중하다; 초점	Level 4 1195 **alright** 괜찮은, 받아들일 만한

다음 문장을 잘 들은 후, 써보며 문장의 뜻을 이해합니다.

☑ Words Check

1 He **bounces** the ball **once** on the court.
그는 코트 위에 공을 한 번 튀긴다.

➡ _____

☐ bounce 통 튀기다
☐ once 부 한 번

2 I **never forget** a face.
나는 절대 (사람들의) 얼굴을 잊지 않는다.

➡ _____

☐ never 부 결코[절대] ~않다
☐ forget 통 잊다

3 My **cousin** and I are the same **age**.
나의 사촌과 나는 같은 나이이다.

➡ _____

☐ cousin 명 사촌
☐ age 명 나이

4 I can't **focus** on my **homework**.
나는 나의 숙제에 집중할 수 없다.

➡ _____

☐ focus 통 집중하다
☐ homework 명 숙제

5 The trees save **energy** for **winter**.
그 나무들은 겨울을 위한 에너지를 보존한다.

➡ _____

☐ energy 명 에너지
☐ winter 명 겨울

6 The bank is **far** from the **hospital**.
그 은행은 병원에서 멀다.

➡ _____

☐ far 형 멀리 떨어진
☐ hospital 명 병원

7 A **balloon** floats in the **air**.
풍선은 공중에 뜬다.

➡ _____

☐ balloon 명 풍선
☐ air 명 공기, 공중

8 We are **active** in the **campaign**.
우리는 그 캠페인에 적극적이다.

➡ _____

9 What is the **best** food in the **world**?
세계에서 최고의 음식은 무엇인가요?

➡ _____

10 It is not her best **song**, but it is **alright**.
그것은 그녀의 최고의 노래는 아니지만, 그것은 괜찮다.

➡ _____

11 The airplane **lands** on a small **island**.
그 비행기는 한 작은 섬에 착륙한다.

➡ _____

12 She **tears** a page from the **notebook**.
그녀는 그 공책에서 한 페이지를 찢어낸다.

➡ _____

13 All **plants** need **light** and water.
모든 식물은 빛과 물을 필요로 한다.

➡ _____

14 My family will go **abroad next** year.
나의 가족은 내년에 해외에 갈 것이다.

➡ _____

☑ **Words Check**

☐ **active** 형 활동적인, 적극적인
☐ **campaign** 명 캠페인

☐ **best** 형 최고의
☐ **world** 명 세계, 세상

☐ **song** 명 노래
☐ **alright** 형 괜찮은, 받아들일 만한

☐ **land** 동 착륙하다
☐ **island** 명 섬

☐ **tear** 동 찢다
☐ **notebook** 명 공책

☐ **plant** 명 식물
☐ **light** 명 빛

☐ **abroad** 부 해외로
☐ **next** 형 다음의

A 다음 문장을 잘 듣고, 빈칸에 알맞은 말을 써넣으세요.

1 I never _____ a face.

2 My _____ and I are the same age.

3 The trees save _____ for winter.

4 A _____ floats in the air.

5 All plants need _____ and water.

6 The bank is _____ from the hospital.

7 It is not her best song, but it is _____.

B 다음 괄호 안에서 알맞은 말을 고르세요.

1 I can't (forget / focus / tear) on my homework.

2 What is the (far / best / abroad) food in the world?

3 We are (focus / active / alright) in the campaign.

4 The airplane (far / lands / bounces) on a small island.

5 My family will go (once / abroad / best) next year.

6 He (tears / bounces / forgets) the ball once on the court.

7 She (bounces / forgets / tears) a page from the notebook.

C 다음 문장을 우리말로 옮기세요.

1 My cousin and I are the same age.

➡ _____

2 My family will go abroad next year.

➡ _____

3 She tears a page from the notebook.

➡ _____

4 The trees save energy for winter.

➡ _____

D 다음 우리말을 영어로 옮길 때, 빈칸에 필요한 말을 보기 에서 골라 써넣으세요. (중복 사용 가능)

보기

| best | focus | world | food | tears | lands | trip |
| floats | air | island | alright | here | song | small |

1 세계에서 최고의 음식은 무엇인가요?

➡ What is the _____ _____ in the _____?

2 그 비행기는 한 작은 섬에 착륙한다.

➡ The airplane _____ on a _____ _____.

3 풍선은 공중에 뜬다.

➡ A balloon _____ in the _____.

4 그것은 그녀의 최고의 노래는 아니지만, 그것은 괜찮다.

➡ It is not her _____ _____, but it is _____.

Quick Check

● 다음의 알파벳으로 시작하는 우리말에 맞는 영단어를 쓰세요.

1 **a**＿＿＿＿＿ 나이	2 **c**＿＿＿＿＿ 사촌	3 **p**＿＿＿＿＿ 식물; 심다	4 **h**＿＿＿＿＿ 숙제
5 **f**＿＿＿＿＿ 잊다	6 **n**＿＿＿＿＿ 공책	7 **b**＿＿＿＿＿ 튀기다	8 **n**＿＿＿＿＿ 다음의
9 **f**＿＿＿＿＿ 멀리 떨어진; 멀리	10 **s**＿＿＿＿＿ 노래	11 **t**＿＿＿＿＿ 찢다; 눈물	12 **l**＿＿＿＿＿ 빛; 가벼운
13 **a**＿＿＿＿＿ 공기, 공중	14 **e**＿＿＿＿＿ 에너지	15 **l**＿＿＿＿＿ 육지; 착륙하다	16 **w**＿＿＿＿＿ 세계, 세상
17 **h**＿＿＿＿＿ 병원	18 **w**＿＿＿＿＿ 겨울	19 **n**＿＿＿＿＿ 결코[절대] ~않다	20 **o**＿＿＿＿＿ 한 번
21 **a**＿＿＿＿＿ 해외로	22 **b**＿＿＿＿＿ 풍선	23 **a**＿＿＿＿＿ 활동적인, 적극적인	24 **i**＿＿＿＿＿ 섬
25 **c**＿＿＿＿＿ 캠페인	26 **b**＿＿＿＿＿ 최고; 최고의; 가장 잘	27 **f**＿＿＿＿＿ 집중하다; 초점	28 **a**＿＿＿＿＿ 괜찮은, 받아들일 만한

정답 >> p66

Words Preview

다음은 Day 18에서 짚어볼 28개의 영어 단어입니다. 각각의 단어는 Level 1 ~ Level 4의 순서로
나열되어 있습니다. 각각의 단어를 잘 듣고 소리 내어 따라하세요.

Level 1 0030	Level 1 0055	Level 1 0109	Level 1 0120
couple	**bear**	**coffee**	**sugar**
부부, 한 쌍	곰	커피	설탕

Level 1 0137	Level 1 0161	Level 1 0166	Level 1 0249
dress	**body**	**back**	**lawn**
원피스, 드레스	몸, 신체	등; 뒤로, 다시	잔디, 잔디밭

Level 2 0352	Level 2 0357	Level 2 0388	Level 2 0390
score	**soccer**	**purse**	**put**
점수; 득점하다	축구	(여성용) 작은 지갑	놓다, 두다

Level 2 0398	Level 2 0399	Level 2 0549	Level 2 0582
change	**counter**	**climb**	**nation**
바꾸다; 거스름돈	계산대	오르다	국가, 나라

Level 2 0584	Level 2 0590	Level 3 0605	Level 3 0666
Asia	**certain**	**science**	**miss**
아시아	확실한, 어떤, 확신하는	과학	그리워하다, 놓치다

Level 3 0755	Level 3 0783	Level 3 0845	Level 3 0853
narrow	**part**	**tight**	**third**
좁은	일부, 약간, 부분	(옷이) 딱 붙는	세 번째의

Level 4 0950	Level 4 1075	Level 4 1114	Level 4 1160
highway	**planet**	**call**	**mind**
고속도로	행성	전화(통화); 전화하다, 부르다	마음, 생각; 언짢아하다

Words in Sentences

😀 다음 문장을 잘 들은 후, 써보며 문장의 뜻을 이해합니다.

1 He **missed** a **call** from his mother.
그는 그의 엄마의 전화(통화)를 놓쳤다.

→ _____

☐ miss 동 놓치다
☐ call 명 전화(통화)

2 The **dress** is **tight** on me.
그 원피스는 나에게 딱 붙는다.

→ _____

☐ dress 명 원피스, 드레스
☐ tight 형 (옷이) 딱 붙는

3 The trucks cross the **narrow highway**.
그 트럭들은 좁은 고속도로를 가로지른다.

→ _____

☐ narrow 형 좁은
☐ highway 명 고속도로

4 Her father can't **change** her **mind**.
그녀의 아버지는 그녀의 마음을 바꿀 수 없다.

→ _____

☐ change 동 바꾸다
☐ mind 명 마음, 생각

5 Spiders have two **parts** to their **body**.
거미는 몸이 두 부분으로 되어 있다.

→ _____

☐ part 명 부분
☐ body 명 몸, 신체

6 The earth is the **third planet** from the sun.
지구는 태양으로부터 세 번째의 행성이다.

→ _____

☐ third 형 세 번째의
☐ planet 명 행성

7 I am **certain** he will come **back**.
나는 그가 다시 올 것이라고 확신한다.

→ _____

☐ certain 형 확신하는
☐ back 부 다시

8 Some adult **bears** do not **climb** trees.
몇몇 다 자란 곰들은 나무를 오르지 않는다.

➡ _____

9 How many **nations** are there in **Asia**?
아시아에는 몇 개의 국가가 있니?

➡ _____

10 The boys play **soccer** on the **lawn**.
그 소년들은 잔디밭에서 축구한다.

➡ _____

11 I will get a good **score** in **science**.
나는 과학에서 좋은 점수를 얻을 것이다.

➡ _____

12 Eva **puts** the money in her **purse**.
Eva는 그 돈을 그녀의 작은 지갑에 넣는다.

➡ _____

13 A **couple** is standing at the **counter**.
한 부부가 계산대에 서 있다.

➡ _____

14 Please put some **sugar** in my **coffee**.
제 커피에 약간의 설탕을 넣어주세요.

➡ _____

☑ **Words Check**

☐ bear 명 곰
☐ climb 동 오르다

☐ nation 명 국가, 나라
☐ Asia 명 아시아

☐ soccer 명 축구
☐ lawn 명 잔디, 잔디밭

☐ score 명 점수
☐ science 명 과학

☐ put 동 놓다, 두다
☐ purse 명 (여성용) 작은 지갑

☐ couple 명 부부, 한 쌍
☐ counter 명 계산대

☐ sugar 명 설탕
☐ coffee 명 커피

A 다음 문장을 잘 듣고, 빈칸에 알맞은 말을 써넣으세요.

1 The boys play soccer on the _____.

2 A _____ is standing at the counter.

3 Please put some sugar in my _____.

4 How many _____ are there in Asia?

5 The earth is the _____ planet from the sun.

6 He _____ a call from his mother.

7 The trucks cross the _____ highway.

B 다음 괄호 안에서 알맞은 말을 고르세요.

1 The dress is (certain / third / tight) on me.

2 Eva (puts / changes / scores) the money in her purse.

3 Her father can't (play / change / call) her mind.

4 I will get a good (part / planet / score) in science.

5 Spiders have two (couples / parts / nations) to their body.

6 I am (mind / always / certain) he will come back.

7 Some adult bears do not (change / climb / back) trees.

C 다음 문장을 우리말로 옮기세요.

1 The dress is tight on me.

→ _____

2 I am certain he will come back.

→ _____

3 Spiders have two parts to their body.

→ _____

4 The earth is the third planet from the sun.

→ _____

D 다음 우리말을 영어로 옮길 때, 빈칸에 필요한 말을 보기 에서 골라 써넣으세요. (중복 사용 가능)

보기

soccer	lawn	missed	purse	puts	play	change
mind	not	certain	call	from	never	move

1 그 소년들은 잔디밭에서 축구한다.

→ The boys _____ _____ on the _____ .

2 Eva는 그 돈을 그녀의 작은 지갑에 넣는다.

→ Eva _____ the money in her _____ .

3 그녀의 아버지는 그녀의 마음을 바꿀 수 없다.

→ Her father can't _____ her _____ .

4 그는 그의 엄마의 전화(통화)를 놓쳤다.

→ He _____ a _____ his mother.

Quick Check

● 다음의 알파벳으로 시작하는 우리말에 맞는 영단어를 쓰세요.

1 **c**_____ 부부, 한 쌍	2 **b**_____ 곰	3 **c**_____ 커피	4 **s**_____ 설탕
5 **d**_____ 원피스, 드레스	6 **b**_____ 몸, 신체	7 **b**_____ 등; 뒤로, 다시	8 **l**_____ 잔디, 잔디밭
9 **s**_____ 점수; 득점하다	10 **s**_____ 축구	11 **p**_____ (여성용) 작은 지갑	12 **p**_____ 놓다, 두다
13 **c**_____ 바꾸다; 거스름돈	14 **c**_____ 계산대	15 **c**_____ 오르다	16 **n**_____ 국가, 나라
17 **A**_____ 아시아	18 **c**_____ 확실한, 어떤, 확신하는	19 **s**_____ 과학	20 **m**_____ 그리워하다, 놓치다
21 **n**_____ 좁은	22 **p**_____ 일부, 약간, 부분	23 **t**_____ (옷이) 딱 붙는	24 **t**_____ 세 번째의
25 **h**_____ 고속도로	26 **p**_____ 행성	27 **c**_____ 전화(통화); 전화하다, 부르다	28 **m**_____ 마음, 생각; 언짢아하다

정답 >> p66

Words Preview

다음은 Day 19에서 짚어볼 28개의 영어 단어입니다. 각각의 단어는 Level 1 ~ Level 4의 순서로
나열되어 있습니다. 각각의 단어를 잘 듣고 소리 내어 따라하세요.

Level 1 0051	Level 1 0082	Level 1 0141	Level 1 0235
animal	**vegetable**	**cap**	**bowl**
동물	채소	(앞으로 긴 챙이 있는) 모자	(우묵한) 그릇

Level 1 0246	Level 2 0354	Level 2 0377	Level 2 0413
feed	**bat**	**hit**	**sunset**
먹이를 주다, (밥·우유를) 먹이다	방망이, 박쥐	치다	해 질 녘, 일몰

Level 2 0425	Level 2 0441	Level 2 0482	Level 2 0497
before	**high**	**hot**	**heat**
~전에	높은; 높이	더운, 뜨거운, 매운	더위, 열기

Level 2 0533	Level 2 0561	Level 3 0614	Level 3 0645
paint	**birth**	**America**	**park**
(물감으로) 그리다, 페인트칠하다; 페인트	탄생	미국	주차하다; 공원

Level 3 0656	Level 3 0664	Level 3 0694	Level 3 0766
north	**show**	**usually**	**large**
북쪽	보여주다, 알려주다	보통, 대개	(규모가) 큰

Level 3 0847	Level 3 0848	Level 4 1036	Level 4 1041
sharp	**weak**	**fever**	**keep**
날카로운	(소리·빛 등이) 약한	열	유지하다, 지키다

Level 4 1046	Level 4 1063	Level 4 1067	Level 4 1070
serious	**mud**	**wave**	**valley**
심각한	진흙, 진흙탕	파도	계곡, 골짜기

다음 문장을 잘 들은 후, 써보며 문장의 뜻을 이해합니다.

☑ Words Check

1 **America** is to the **north** of Mexico.
미국은 멕시코의 북쪽에 있다.

➡ _____

☐ America 명 미국
☐ north 명 북쪽

2 Clouds **keep** the **heat** on the earth.
구름들이 지구에 있는 열기를 지킨다.

➡ _____

☐ keep 동 유지하다, 지키다
☐ heat 명 더위, 열기

3 The boy can **hit** the ball with the **bat**.
그 소년은 그 방망이로 그 공을 칠 수 있다.

➡ _____

☐ hit 동 치다
☐ bat 명 방망이

4 The **fever** can become **serious**.
열이 심해질 수 있다.

➡ _____

☐ fever 명 열
☐ serious 형 심각한

5 He was **weak** from **birth**.
그는 태어날 때부터 몸이 약했다.

➡ _____

☐ weak 형 약한
☐ birth 명 탄생

6 Mr. White **parked** his truck in the **mud**.
White 씨는 그의 트럭을 진흙탕에 주차했다.

➡ _____

☐ park 동 주차하다
☐ mud 명 진흙, 진흙탕

7 The **waves** are not **high** today.
오늘 파도가 높지 않다.

➡ _____

☐ wave 명 파도
☐ high 형 높은

8 That mountain **valley** is very **large**.

저 산의 계곡은 매우 크다.

→ _____

9 Wash the **bowl** with **hot** water.

뜨거운 물로 그 그릇을 씻어라.

→ _____

10 Cut the **vegetables** with a **sharp** knife.

날카로운 칼로 그 채소들을 잘라라.

→ _____

11 He **usually paints** buildings white.

그는 보통 건물들을 흰색으로 칠한다.

→ _____

12 Do not **feed** the **animals** in the zoo.

동물원에 있는 동물들에게 먹이를 주지 마시오.

→ _____

13 Come back **before sunset**.

해 지기 전에 돌아와라.

→ _____

14 Can you **show** me that yellow **cap**?

저에게 저 노란 모자를 보여주시겠어요?

→ _____

A   다음 문장을 잘 듣고, 빈칸에 알맞은 말을 써넣으세요.

1 Wash the _____ with hot water.

2 He usually _____ buildings white.

3 America is to the _____ of Mexico.

4 Can you _____ me that yellow cap?

5 Come back before _____ .

6 He was _____ from birth.

7 That mountain _____ is very large.

B   다음 괄호 안에서 알맞은 말을 고르세요.

1 Clouds (keep / weak / show) the heat on the earth.

2 Cut the vegetables with a (heat / serious / sharp) knife.

3 Do not (park / feed / have) the animals in the zoo.

4 The boy can (hit / park / show) the ball with the bat.

5 The waves are not (high / build / north) today.

6 Mr. White (parked / showed / feeds) his truck in the mud.

7 The fever can become (heat / sharp / serious).

C 다음 문장을 우리말로 옮기세요.

1 America is to the north of Mexico.

→ _____

2 The fever can become serious.

→ _____

3 He was weak from birth.

→ _____

4 Clouds keep the heat on the earth.

→ _____

D 다음 우리말을 영어로 옮길 때, 빈칸에 필요한 말을 보기에서 골라 써넣으세요. (중복 사용 가능)

보기

feed	animals	hit	mountain	bat	large	north
parked	wash	mud	soil	to	valley	zoo

1 동물원에 있는 동물들에게 먹이를 주지 마시오.

→ Do not _____ the _____ in the _____ .

2 저 산의 계곡은 매우 크다.

→ That _____ _____ is very _____ .

3 White 씨는 그의 트럭을 진흙탕에 주차했다.

→ Mr. White _____ his truck in the _____ .

4 그 소년은 그 방망이로 그 공을 칠 수 있다.

→ The boy can _____ the ball with the _____ .

Quick Check

● 다음의 알파벳으로 시작하는 우리말에 맞는 영단어를 쓰세요.

1 **a**_____	2 **v**_____	3 **c**_____	4 **b**_____
동물	채소	(앞으로 긴 챙이 있는) 모자	(우묵한) 그릇
5 **f**_____	6 **b**_____	7 **h**_____	8 **s**_____
먹이를 주다, (밥·우유를) 먹이다	방망이, 박쥐	치다	해 질 녘, 일몰
9 **b**_____	10 **h**_____	11 **h**_____	12 **h**_____
~전에	높은; 높이	더운, 뜨거운, 매운	더위, 열기
13 **p**_____	14 **b**_____	15 **A**_____	16 **p**_____
(물감으로) 그리다, 페인트칠하다, 페인트	탄생	미국	주차하다; 공원
17 **n**_____	18 **s**_____	19 **u**_____	20 **l**_____
북쪽	보여주다, 알려주다	보통, 대개	(규모가) 큰
21 **s**_____	22 **w**_____	23 **f**_____	24 **k**_____
날카로운	약한	열	유지하다, 지키다
25 **s**_____	26 **m**_____	27 **w**_____	28 **v**_____
심각한	진흙, 진흙탕	파도	계곡, 골짜기

정답 >> p67

DAY 20 Words Preview

다음은 Day 20에서 짚어볼 28개의 영어 단어입니다. 각각의 단어는 Level 1 ~ Level 4의 순서로
나열되어 있습니다. 각각의 단어를 잘 듣고 소리 내어 따라하세요.

Level 1 0025	Level 1 0036	Level 1 0160	Level 1 0254
aunt	**human**	**tooth**	**brush**
숙모, 고모, 이모, 아주머니	인간	이, 이빨	빗질하다, 칫솔질하다

Level 2 0326	Level 2 0328	Level 2 0329	Level 2 0346
surprised	**fond**	**nervous**	**writer**
놀란, 놀라는	좋아하는	초조해하는	작가

Level 2 0436	Level 2 0496	Level 2 0542	Level 3 0653
above	**drop**	**exercise**	**east**
~보다 위에	떨어지다, 떨어뜨리다; (액체) 방울	운동; 운동하다	동쪽

Level 3 0693	Level 3 0712	Level 3 0718	Level 3 0776
often	**sunglasses**	**picnic**	**each**
자주, 흔히	선글라스	소풍	각각의; 각각

Level 3 0827	Level 4 0924	Level 4 0984	Level 4 0987
arrow	**field**	**film**	**photo**
화살, 화살표	들판, 밭	영화; 촬영하다	사진

Level 4 0998	Level 4 1000	Level 4 1040	Level 4 1129
fishing	**match**	**bone**	**news**
낚시	경기, 시합	뼈	뉴스, 소식

Level 4 1136	Level 4 1179	Level 4 1184	Level 4 1191
guest	**however**	**sure**	**important**
게스트, 특별 출연자	하지만	확신하는	중요한

다음 문장을 잘 들은 후, 써보며 문장의 뜻을 이해합니다.

☑ **Words Check**

1 My **aunt** shows me her **photos**.
나의 이모는 나에게 그녀의 사진을 보여준다.

➡ _____

☐ **aunt** 명 숙모, 고모, 이모
☐ **photo** 명 사진

2 The **arrow** points to the **east**.
그 화살표는 동쪽을 가리킨다.

➡ _____

☐ **arrow** 명 화살표
☐ **east** 명 동쪽

3 A goose is flying **above** the **field**.
거위 한 마리가 들판 위를 날고 있다.

➡ _____

☐ **above** 전 ~보다 위에
☐ **field** 명 들판, 밭

4 Music is an **important** part of the **film**.
음악은 그 영화의 중요한 부분이다.

➡ _____

☐ **important** 형 중요한
☐ **film** 명 영화

5 I **brush** my **teeth** three times a day.
나는 하루에 세 번 이를 닦는다.

➡ _____

☐ **brush** 동 칫솔질하다
☐ **tooth** 명 이, 이빨
　(복수형: teeth)

6 How **often** do you **exercise**?
너는 얼마나 자주 운동하니?

➡ _____

☐ **often** 부 자주, 흔히
☐ **exercise** 동 운동하다

7 **Each guest** can enjoy the show.
각각의 게스트는 그 쇼를 즐길 수 있다.

➡ _____

☐ **each** 형 각각의
☐ **guest** 명 게스트, 특별 출연자

8 I feel **nervous** before a big **match**.

나는 큰 경기를 앞두고 긴장감을 느낀다.

→ _____

9 How many **bones** do **humans** have?

인간들은 몇 개의 뼈를 가지고 있나요?

→ _____

10 He did not **drop** the **sunglasses** on the floor.

그는 그 선글라스를 바닥에 떨어뜨리지 않았다.

→ _____

11 We are **sure** about his **picnic** plan.

우리는 그의 소풍 계획에 대해 확신한다.

→ _____

12 They were **surprised** at the **news**.

그들은 그 소식에 놀랐다.

→ _____

13 **However**, the **writer** never uses computers.

하지만, 그 작가는 절대 컴퓨터를 사용하지 않는다.

→ _____

14 My dad is very **fond** of **fishing**.

나의 아버지는 낚시를 매우 좋아하신다.

→ _____

☑ Words Check

☐ nervous 형 초조해하는
☐ match 명 경기, 시합

☐ bone 명 뼈
☐ human 명 인간

☐ drop 통 떨어뜨리다
☐ sunglasses 명 선글라스

☐ sure 형 확신하는
☐ picnic 명 소풍

☐ surprised 형 놀란
☐ news 명 뉴스, 소식

☐ however 부 하지만
☐ writer 명 작가

☐ fond 형 좋아하는
☐ fishing 명 낚시

A 다음 문장을 잘 듣고, 빈칸에 알맞은 말을 써넣으세요.

1 My ＿＿＿＿＿＿＿ shows me her photos.

2 He did not ＿＿＿＿＿＿＿ the sunglasses on the floor.

3 The ＿＿＿＿＿＿＿ points to the east.

4 How often do you ＿＿＿＿＿＿＿?

5 How many ＿＿＿＿＿＿＿ do humans have?

6 Music is an ＿＿＿＿＿＿＿ part of the film.

7 ＿＿＿＿＿＿＿, the writer never uses computers.

B 다음 괄호 안에서 알맞은 말을 고르세요.

1 A goose is flying (each / above / east) the field.

2 I (brush / match / fond) my teeth three times a day.

3 (Sure / Fond / Each) guest can enjoy the show.

4 I feel (fond / nervous / often) before a big match.

5 They were (sure / arrow / surprised) at the news.

6 My dad is very (nervous / fond / above) of fishing.

7 We are (often / match / sure) about his picnic plan.

C 다음 문장을 우리말로 옮기세요.

1 I brush my teeth three times a day.

→ _____

2 We are sure about his picnic plan.

→ _____

3 My dad is very fond of fishing.

→ _____

4 How many bones do humans have?

→ _____

D 다음 우리말을 영어로 옮길 때, 빈칸에 필요한 말을 보기 에서 골라 써넣으세요. (중복 사용 가능)

보기

gives	me	shows	surprised	news	photos	film
my	however	often	part	how	important	exercise

1 그들은 그 소식에 놀랐다.

→ They were _____ at the _____.

2 나의 이모는 나에게 그녀의 사진을 보여준다.

→ My aunt _____ _____ her _____.

3 너는 얼마나 자주 운동하니?

→ _____ _____ do you _____?

4 음악은 그 영화의 중요한 부분이다.

→ Music is a(n) _____ _____ of the _____.

Quick Check

● 다음의 알파벳으로 시작하는 우리말에 맞는 영단어를 쓰세요.

1 **a**_____ 숙모, 고모, 이모, 아주머니	2 **h**_____ 인간	3 **t**_____ 이, 이빨	4 **b**_____ 빗질하다, 칫솔질하다
5 **s**_____ 놀란, 놀라는	6 **f**_____ 좋아하는	7 **n**_____ 초조해하는	8 **w**_____ 작가
9 **a**_____ ~보다 위에	10 **d**_____ 떨어지다, 떨어뜨리다; (액체) 방울	11 **e**_____ 운동; 운동하다	12 **e**_____ 동쪽
13 **o**_____ 자주, 흔히	14 **s**_____ 선글라스	15 **p**_____ 소풍	16 **e**_____ 각각의; 각각
17 **a**_____ 화살, 화살표	18 **f**_____ 들판, 밭	19 **f**_____ 영화; 촬영하다	20 **p**_____ 사진
21 **f**_____ 낚시	22 **m**_____ 경기, 시합	23 **b**_____ 뼈	24 **n**_____ 뉴스, 소식
25 **g**_____ 게스트, 특별 출연자	26 **h**_____ 하지만	27 **s**_____ 확신하는	28 **i**_____ 중요한

정답 >> p67

Words Preview

다음은 Day 21에서 짚어볼 28개의 영어 단어입니다. 각각의 단어는 Level 1 ~ Level 4의 순서로
나열되어 있습니다. 각각의 단어를 잘 듣고 소리 내어 따라하세요.

Level 1 0091	Level 1 0129	Level 1 0134	Level 1 0248
potato	**choose**	**shirt**	**laundry**
감자	고르다, 선택하다	셔츠	세탁물, 세탁

Level 2 0301	Level 2 0310	Level 2 0372	Level 2 0384
feeling	**hurt**	**throw**	**coin**
감정	다친; 다치게 하다, 아프다	던지다	동전

Level 2 0415	Level 2 0416	Level 2 0437	Level 2 0438
for	**during**	**between**	**among**
~동안, ~를 위해	~동안 (내내)	(둘) 사이에	(셋 이상) 사이에

Level 2 0471	Level 2 0600	Level 3 0637	Level 3 0641
forecast	**rude**	**market**	**indoor**
(날씨) 예보	예의 없는, 무례한	시장	실내의

Level 3 0642	Level 3 0702	Level 3 0835	Level 3 0846
outdoor	**vacation**	**listen**	**loose**
야외의	방학, 휴가	(귀 기울여) 듣다	느슨한, 헐거운

Level 4 0908	Level 4 0946	Level 4 0949	Level 4 0967
hobby	**street**	**crosswalk**	**service**
취미	거리, 도로, 가(街)	횡단보도	서비스, 봉사

Level 4 1001	Level 4 1027	Level 4 1108	Level 4 1155
stand	**customer**	**busy**	**say**
서다, 일어서다	고객	바쁜, 통화 중인	말하다

다음 문장을 잘 들은 후, 써보며 문장의 뜻을 이해합니다.

☑ Words Check

1 The **forecast says** it will rain tomorrow.
일기예보에서 내일 비가 올 것이라고 한다.

➡

☐ forecast 명 (날씨) 예보
☐ say 동 말하다

2 My **hobby** is **listening** to music.
나의 취미는 음악 감상이다.

➡

☐ hobby 명 취미
☐ listen 동 (귀 기울여) 듣다

3 The hotel has a **laundry service**.
그 호텔은 세탁 서비스를 제공한다.

➡

☐ laundry 명 세탁물, 세탁
☐ service 명 서비스, 봉사

4 The kids cross the **street** at the **crosswalk**.
그 아이들은 횡단보도에서 길을 건넌다.

➡

☐ street 명 거리, 도로, 가(街)
☐ crosswalk 명 횡단보도

5 I grow **potatoes** in my **indoor** garden.
나는 나의 실내 정원에서 감자들을 키운다.

➡

☐ potato 명 감자
☐ indoor 형 실내의

6 I do not want to **hurt** her **feelings**.
나는 그녀의 감정을 다치게 하고 싶지 않다.

➡

☐ hurt 동 다치게 하다
☐ feeling 명 감정

7 I will go to the **outdoor market** on Sunday.
나는 일요일에 야외 시장에 갈 것이다.

➡

☐ outdoor 형 야외의
☐ market 명 시장

8 I was **busy for** three days.

나는 3일 동안 바빴다.

➡ _____

9 I will study English **during** summer **vacation**.

나는 여름방학 동안 영어를 공부할 것이다.

➡ _____

10 The kid **stands between** Joe and Tom.

그 아이는 Joe와 Tom 사이에 선다.

➡ _____

11 **Choose** one **among** these three ties.

이 세 개의 넥타이 중에서 하나를 골라라.

➡ _____

12 Brad **throws** the **coin** into the river.

Brad는 그 동전을 강 속으로 던진다.

➡ _____

13 The **rude customer** makes him angry.

그 무례한 고객이 그를 화나게 만든다.

➡ _____

14 A button on my **shirt** became **loose**.

내 셔츠에 있는 단추 하나가 느슨해졌다.

➡ _____

A 다음 문장을 잘 듣고, 빈칸에 알맞은 말을 써넣으세요.

1 My _____ is listening to music.

2 I will go to the _____ market on Sunday.

3 The _____ says it will rain tomorrow.

4 I grow potatoes in my _____ garden.

5 The hotel has a _____ service.

6 The rude _____ makes him angry.

7 Brad _____ the coin into the river.

B 다음 괄호 안에서 알맞은 말을 고르세요.

1 A button on my shirt became (indoor / loose / only).

2 The kid stands (among / between / about) Joe and Tom.

3 I was busy (between / for / in) three days.

4 I do not want to (stand / throw / hurt) her feelings.

5 The kids cross the (street / indoor / outdoor) at the crosswalk.

6 Choose one (between / among / to) these three ties.

7 I will study English (during / on / toward) summer vacation.

C 다음 문장을 우리말로 옮기세요.

1 I do not want to hurt her feelings.

➡ _____

2 A button on my shirt became loose.

➡ _____

3 I grow potatoes in my indoor garden.

➡ _____

4 The rude customer makes him angry.

➡ _____

D 다음 우리말을 영어로 옮길 때, 빈칸에 필요한 말을 보기에서 골라 써넣으세요. (중복 사용 가능)

보기

cross	kids	street	among	between	on	work
during	to	vacation	choose	stands	about	study

1 그 아이들은 횡단보도에서 길을 건넌다.

➡ The _____ _____ the _____ at the crosswalk.

2 이 세 개의 넥타이 중에서 하나를 골라라.

➡ _____ one _____ these three ties.

3 그 아이는 Joe와 Tom 사이에 선다.

➡ The kid _____ _____ Joe and Tom.

4 나는 여름방학 동안 영어를 공부할 것이다.

➡ I will _____ English _____ summer _____.

Quick Check

● 다음의 알파벳으로 시작하는 우리말에 맞는 영단어를 쓰세요.

1 p_____ 감자	2 c_____ 고르다, 선택하다	3 s_____ 셔츠	4 l_____ 세탁물, 세탁
5 f_____ 감정	6 h_____ 다친; 다치게 하다, 아프다	7 t_____ 던지다	8 c_____ 동전
9 f_____ ~동안, ~를 위해	10 d_____ ~동안 (내내)	11 b_____ (둘) 사이에	12 a_____ (셋 이상) 사이에
13 f_____ (날씨) 예보	14 r_____ 예의 없는, 무례한	15 m_____ 시장	16 i_____ 실내의
17 o_____ 야외의	18 v_____ 방학, 휴가	19 l_____ (귀 기울여) 듣다	20 l_____ 느슨한, 헐거운
21 h_____ 취미	22 s_____ 거리, 도로, 가(街)	23 c_____ 횡단보도	24 s_____ 서비스, 봉사
25 s_____ 서다, 일어서다	26 c_____ 고객	27 b_____ 바쁜, 통화 중인	28 s_____ 말하다

정답 >> p67

DAY 22 Words Preview

다음은 Day 22에서 짚어볼 28개의 영어 단어입니다. 각각의 단어는 Level 1 ~ Level 4의 순서로
나열되어 있습니다. 각각의 단어를 잘 듣고 소리 내어 따라하세요.

Level 1 0022	Level 1 0266	Level 1 0271	Level 2 0394
child	**classmate**	**classroom**	**lend**
어린이, 아이, 자식	반 친구	교실	빌려주다

Level 2 0431	Level 2 0474	Level 2 0492	Level 2 0493
front	**clear**	**thunder**	**lightning**
앞쪽	맑은	천둥	번개

Level 2 0521	Level 2 0545	Level 2 0547	Level 2 0594
picture	**hop**	**step**	**brave**
그림, 사진	깡충깡충 뛰다	스텝, 발걸음	용감한

Level 2 0595	Level 3 0617	Level 3 0663	Level 3 0695
calm	**France**	**guide**	**always**
침착한	프랑스	안내하다	항상, 언제나

Level 3 0698	Level 3 0728	Level 3 0773	Level 3 0893
twice	**invite**	**any**	**quick**
두 번	초대하다	(의문문) 얼마간의, (부정문) 조금도, 아무도	(재)빠른

Level 4 0922	Level 4 0945	Level 4 0956	Level 4 0960
village	**sidewalk**	**passenger**	**ride**
(시골) 마을	보도, 인도	승객	(자전거 등을) 타다

Level 4 0992	Level 4 1163	Level 4 1194	Level 4 1200
stay	**proud**	**silent**	**fail**
머무르다, 지내다	자랑스러운	조용한	실패하다

다음 문장을 잘 들은 후, 써보며 문장의 뜻을 이해합니다.

☑ Words Check

1 Do not **lend** her **any** money.
그녀에게 조금의 돈도 빌려주지 마라.

➡ _____

☐ lend 동 빌려주다
☐ any 형 조금도

2 The lady is **proud** of her **brave** son.
그 숙녀는 그녀의 용감한 아들을 자랑스러워한다.

➡ _____

☐ proud 형 자랑스러운
☐ brave 형 용감한

3 Where will you **stay** in **France**?
너는 프랑스에서 어디에 머무를 거니?

➡ _____

☐ stay 동 머무르다, 지내다
☐ France 명 프랑스

4 The **child hops** like a rabbit.
그 아이는 토끼처럼 깡충깡충 뛴다.

➡ _____

☐ child 명 어린이, 아이, 자식
☐ hop 동 깡충깡충 뛰다

5 My father **always** calls me **twice** a day.
나의 아버지는 항상 나에게 하루에 두 번 전화하신다.

➡ _____

☐ always 부 항상, 언제나
☐ twice 부 두 번

6 Will you **invite** your **classmates** to the party?
너는 너의 반 친구들을 그 파티에 초대할 거니?

➡ _____

☐ invite 동 초대하다
☐ classmate 명 반 친구

7 They have a **clear** stream in their **village**.
그들의 동네에 맑은 개울이 있다.

➡ _____

☐ clear 형 맑은
☐ village 명 (시골) 마을

8 Please keep **silent** in the **classroom**.
교실에서 조용히 하세요.

→ _____

9 The girl **rides** her bike on the **sidewalk**.
그 소녀는 보도에서 그녀의 자전거를 탄다.

→ _____

10 She **guides** the **passenger** to the chair.
그녀는 그 승객을 의자로 안내한다.

→ _____

11 The woman walked with a **quick step**.
그 여성은 빠른 걸음으로 걸었다.

→ _____

12 **Calm** down, we will not **fail**.
침착해, 우리는 실패하지 않을 거야.

→ _____

13 **Lightning** always comes before **thunder**.
번개는 항상 천둥 앞에 온다.

→ _____

14 There is a **picture** of a cat on the **front** of this book.
이 책의 앞쪽에는 고양이 한 마리의 그림이 있다.

→ _____

☑ Words Check

☐ silent 형 조용한
☐ classroom 명 교실

☐ ride 동 (자전거 등을) 타다
☐ sidewalk 명 보도, 인도

☐ guide 동 안내하다
☐ passenger 명 승객

☐ quick 형 (재)빠른
☐ step 명 스텝, 발걸음

☐ calm 형 침착한
☐ fail 동 실패하다

☐ lightning 명 번개
☐ thunder 명 천둥

☐ picture 명 그림, 사진
☐ front 명 앞쪽

Day › 22 Exercises

A 다음 문장을 잘 듣고, 빈칸에 알맞은 말을 써넣으세요.

1 The child _____ like a rabbit.

2 The lady is _____ of her brave son.

3 Do not _____ her any money.

4 They have a clear stream in their _____.

5 The girl rides her bike on the _____.

6 _____ always comes before thunder.

7 There is a picture of a cat on the _____ of this book.

B 다음 괄호 안에서 알맞은 말을 고르세요.

1 Will you (fail / invite / lend) your classmates to the party?

2 My father (quick / any / always) calls me twice a day.

3 The woman walked with a (quick / clear / any) step.

4 Please keep (quick / silent / hop) in the classroom.

5 She (guides / calls / lends) the passenger to the chair.

6 (Calm / Clear / Silent) down, we will not fail.

7 Where will you (stay / invite / always) in France?

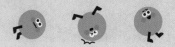

C 다음 문장을 우리말로 옮기세요.

1 Please keep silent in the classroom.

➡ _____

2 The woman walked with a quick step.

➡ _____

3 Lightning always comes before thunder.

➡ _____

4 There is a picture of a cat on the front of this book.

➡ _____

D 다음 우리말을 영어로 옮길 때, 빈칸에 필요한 말을 보기 에서 골라 써넣으세요. (중복 사용 가능)

보기

| borrow | always | brave | down | good | twice | calls |
| stream | took | calm | fail | proud | clear | village |

1 그 숙녀는 그녀의 용감한 아들을 자랑스러워한다.

➡ The lady is _____ of her _____ son.

2 나의 아버지는 항상 나에게 하루 두 번 전화하신다.

➡ My father _____ _____ me _____ a day.

3 침착해, 우리는 실패하지 않을 거야.

➡ _____ _____, we will not _____.

4 그들의 동네에 맑은 개울이 있다.

➡ They have a _____ _____ in their _____.

Quick Check

● 다음의 알파벳으로 시작하는 우리말에 맞는 영단어를 쓰세요.

1 c_____ 어린이, 아이, 자식	2 c_____ 반 친구	3 c_____ 교실	4 l_____ 빌려주다
5 f_____ 앞쪽	6 c_____ 맑은	7 t_____ 천둥	8 l_____ 번개
9 p_____ 그림, 사진	10 h_____ 깡충깡충 뛰다	11 s_____ 스텝, 발걸음	12 b_____ 용감한
13 c_____ 침착한	14 F_____ 프랑스	15 g_____ 안내하다	16 a_____ 항상, 언제나
17 t_____ 두 번	18 i_____ 초대하다	19 a_____ 얼마간의, 조금도, 아무도	20 q_____ (재)빠른
21 v_____ (시골) 마을	22 s_____ 보도, 인도	23 p_____ 승객	24 r_____ (자전거 등을) 타다
25 s_____ 머무르다, 지내다	26 p_____ 자랑스러운	27 s_____ 조용한	28 f_____ 실패하다

정답 >> p68

다음은 Day 23에서 짚어볼 28개의 영어 단어입니다. 각각의 단어는 Level 1 ~ Level 4의 순서로
나열되어 있습니다. 각각의 단어를 잘 듣고 소리 내어 따라하세요.

Level 1 0007	Level 1 0087	Level 1 0117	Level 1 0205
night	**strawberry**	**cookie**	**roof**
밤	딸기	쿠키	지붕

Level 2 0304	Level 2 0414	Level 2 0517	Level 2 0519
excited	**tonight**	**classical**	**concert**
신이 난, 들뜬	오늘 밤; 오늘 밤에	클래식의	연주회, 콘서트

Level 2 0540	Level 3 0659	Level 3 0723	Level 3 0731
display	**across**	**festival**	**host**
전시, 전시물	가로질러; ~ 건너편에	축제	(손님을 초대한) 주인; 주최하다

Level 3 0778	Level 3 0789	Level 3 0796	Level 3 0829
several	**only**	**honest**	**flat**
몇 개의	유일한; 오직	정직한	평평한, 편평한

Level 3 0874	Level 3 0894	Level 3 0895	Level 3 0896
expensive	**blind**	**deaf**	**dumb**
값비싼	눈이 먼	귀가 먼	말을 못하는

Level 3 0897	Level 4 0925	Level 4 0937	Level 4 0961
true	**farm**	**museum**	**vehicle**
사실인, 진실인	농장	박물관, 미술관	탈 것

Level 4 0982	Level 4 1106	Level 4 1110	Level 4 1170
hunt	**signal**	**again**	**try**
사냥하다	신호	또, 다시	시도하다, 노력하다, 먹어 보다

다음 문장을 잘 들은 후, 써보며 문장의 뜻을 이해합니다.

Words Check

1 You can **try again** next time.
너는 다음번에 다시 시도할 수 있다.
➡ _____

☐ try 동 시도하다
☐ again 부 또, 다시

2 The lady is **deaf** and **dumb**.
그 숙녀는 귀가 들리지 않고 말을 하지 못한다.
➡ _____

☐ deaf 형 귀가 먼
☐ dumb 형 말을 못하는

3 Is there a **farm across** from the school?
그 학교 건너편에 농장이 하나 있니?
➡ _____

☐ farm 명 농장
☐ across 전 ~ 건너편에

4 We are **excited** at his piano **concert**.
우리는 그의 피아노 공연에 신이 났다.
➡ _____

☐ excited 형 신이 난, 들뜬
☐ concert 명 연주회, 콘서트

5 Tigers usually **hunt** at **night**.
호랑이들은 보통 밤에 사냥한다.
➡ _____

☐ hunt 동 사냥하다
☐ night 명 밤

6 We will buy a house with a **flat roof**.
우리는 지붕이 편평한 집을 살 것이다.
➡ _____

☐ flat 형 편평한, 평평한
☐ roof 명 지붕

7 Traffic lights have sound **signals** for **blind** people.
신호등은 눈이 보이지 않는 사람들을 위한 음향 신호를 가지고 있다.
➡ _____

☐ signal 명 신호
☐ blind 형 눈이 먼

8 They are looking at a **display** in a **museum**.

그들은 한 박물관에서 전시를 보고 있다.

➡ _____

☐ display 명 전시, 전시회
☐ museum 명 박물관, 미술관

9 Ed is listening to **classical** music in his **vehicle**.

Ed는 그의 자동차 안에서 클래식 음악을 듣고 있다.

➡ _____

☐ classical 형 클래식의
☐ vehicle 명 탈 것

10 The man is the **host** of the party **tonight**.

그 남자는 오늘밤 파티의 주인이다.

➡ _____

☐ host 명 (손님을 초대한) 주인
☐ tonight 부 오늘 밤에

11 Try this **strawberry** cake and those chocolate **cookies**.

이 딸기 케이크와 저 초콜릿 쿠키들을 먹어봐.

➡ _____

☐ strawberry 명 딸기
☐ cookie 명 쿠키

12 A **true** friend is **honest** with you.

진정한 친구는 너에게 정직하다.

➡ _____

☐ true 형 사실인, 진실인
☐ honest 형 정직한

13 At the **festival**, people can throw **only** tomatoes.

그 축제에서, 사람들은 토마토만을 던질 수 있다.

➡ _____

☐ festival 명 축제
☐ only 형 유일한

14 There are **several expensive** cameras in his room.

그의 방에는 몇 개의 값비싼 카메라들이 있다.

➡ _____

☐ several 형 몇 개의
☐ expensive 형 값비싼

A 다음 문장을 잘 듣고, 빈칸에 알맞은 말을 써넣으세요.

1 The lady is _____ and dumb.

2 Tigers usually hunt at _____ .

3 You can try _____ next time.

4 Is there a farm _____ from the school?

5 Traffic lights have sound signals for _____ people.

6 They are looking at a _____ in a museum.

7 Try this strawberry cake and those chocolate _____ .

B 다음 괄호 안에서 알맞은 말을 고르세요.

1 At the festival, people can throw (across / only / about) tomatoes.

2 A true friend is (flat / honest / try) with you.

3 We will buy a house with a (classical / host / flat) roof.

4 We are (honest / excited / only) at his piano concert.

5 Ed is listening to (flat / classical / host) music in his vehicle.

6 There are (several / excited / blind) expensive cameras in his room.

7 The man is the (friend / signal / host) of the party tonight.

C 다음 문장을 우리말로 옮기세요.

1 A true friend is honest with you.

→ _____

2 We will buy a house with a flat roof.

→ _____

3 You can try again next time.

→ _____

4 We are excited at his piano concert.

→ _____

D 다음 우리말을 영어로 옮길 때, 빈칸에 필요한 말을 보기에서 골라 써넣으세요. (중복 사용 가능)

보기

tonight	cross	display	farm	across	throw	several
museum	only	host	night	expensive	many	money

1 그 학교 건너편에 농장이 하나 있니?

→ Is there a _____ _____ from the school?

2 그 축제에서, 사람들은 토마토만을 던질 수 있다.

→ At the festival, people can _____ _____ tomatoes.

3 그 남자는 오늘밤 파티의 주인이다.

→ The man is the _____ of the party _____.

4 그의 방에는 몇 개의 값비싼 카메라들이 있다.

→ There are _____ _____ cameras in his room.

Quick Check

● 다음의 알파벳으로 시작하는 우리말에 맞는 영단어를 쓰세요.

1 **n**_____ 밤	2 **s**_____ 딸기	3 **c**_____ 쿠키	4 **r**_____ 지붕
5 **e**_____ 신이 난, 들뜬	6 **t**_____ 오늘 밤; 오늘 밤에	7 **c**_____ 클래식의	8 **c**_____ 연주회, 콘서트
9 **d**_____ 전시, 전시물	10 **a**_____ 가로질러; ~ 건너편에	11 **f**_____ 축제	12 **h**_____ (손님을 초대한) 주인; 주최하다
13 **s**_____ 몇 개의	14 **o**_____ 유일한; 오직	15 **h**_____ 정직한	16 **f**_____ 평평한, 편평한
17 **e**_____ 값비싼	18 **b**_____ 눈이 먼	19 **d**_____ 귀가 먼	20 **d**_____ 말을 못하는
21 **t**_____ 사실인, 진실인	22 **f**_____ 농장	23 **m**_____ 박물관, 미술관	24 **v**_____ 탈 것
25 **h**_____ 사냥하다	26 **s**_____ 신호	27 **a**_____ 또, 다시	28 **t**_____ 시도하다, 노력하다, 먹어보다

정답 >> p68

다음은 Day 24에서 짚어볼 28개의 영어 단어입니다. 각각의 단어는 Level 1 ~ Level 4의 순서로 나열되어 있습니다. 각각의 단어를 잘 듣고 소리 내어 따라하세요.

Level 1 0020	Level 1 0088	Level 1 0095	Level 1 0278
daughter	**watermelon**	**pumpkin**	**fight**
딸	수박	호박	싸움; 싸우다
Level 2 0308	Level 2 0421	Level 2 0446	Level 2 0470
afraid	**arrive**	**center**	**Halloween**
겁내는, 걱정하는	도착하다	한가운데, 중심	핼러윈
Level 2 0541	Level 2 0564	Level 2 0566	Level 2 0583
move	**sand**	**shade**	**map**
움직이다, 이동시키다	모래, 모래사장	그늘	지도
Level 3 0643	Level 3 0701	Level 3 0730	Level 3 0767
bottom	**holiday**	**marry**	**huge**
맨 아랫부분, 바닥	휴가, 방학, 명절	결혼하다	(크기가) 엄청난, 거대한
Level 3 0830	Level 3 0844	Level 3 0872	Level 3 0878
straight	**sticky**	**rich**	**without**
곧은, 똑바른	끈적거리는	돈 많은, 부자인	~없이
Level 4 0911	Level 4 0913	Level 4 0966	Level 4 1092
town	**downtown**	**station**	**dragon**
(소)도시, 시내, 동네	시내에, 시내로	(기차)역	용
Level 4 1096	Level 4 1147	Level 4 1171	Level 4 1178
wizard	**sale**	**agree**	**against**
마법사	판매, 할인 판매	동의하다	~에 반대하여, ~에 대항하여

😀 다음 문장을 잘 들은 후, 써보며 문장의 뜻을 이해합니다.

1 The child is **afraid** of the bad **wizard**.
그 아이는 그 나쁜 마법사를 두려워한다.
➡ _____

☐ afraid 형 겁내는, 걱정하는
☐ wizard 명 마법사

2 There is a **sale** at the shoe store **downtown**.
시내에 신발가게에서 할인 판매가 있다.
➡ _____

☐ sale 명 판매, 할인 판매
☐ downtown 부 시내에

3 How do snakes **move without** legs?
뱀들은 다리 없이 어떻게 움직일까?
➡ _____

☐ move 동 움직이다
☐ without 전 ~없이

4 The **rich** man enjoys his **holiday** in Korea.
그 부자는 그의 휴가를 한국에서 즐긴다.
➡ _____

☐ rich 형 돈 많은, 부자인
☐ holiday 명 휴가

5 The train will **arrive** at the **station** soon.
그 기차는 곧 역에 도착할 것이다.
➡ _____

☐ arrive 동 도착하다
☐ station 명 (기차)역

6 Draw a **straight** line on the **map**.
지도 위에 곧은 선을 하나 그려라.
➡ _____

☐ straight 형 곧은, 똑바른
☐ map 명 지도

7 She will **marry** him **against** her dad's wish.
그녀는 그녀의 아빠의 소원에 반하여 그와 결혼할 것이다.
➡ _____

☐ marry 동 결혼하다
☐ against 전 ~에 반대하여

☑ Words Check

8 The hero **fights** against a **dragon**.
그 영웅은 용에 대항하여 싸운다.

➜ _____

☐ fight 통 싸우다
☐ dragon 명 용

9 We buy some **pumpkins** for the **Halloween** party.
우리는 핼러윈 파티를 위해 호박들을 몇 개 산다.

➜ _____

☐ pumpkin 명 호박
☐ Halloween 명 핼러윈

10 My **daughter** always **agrees** with me.
나의 딸은 항상 나의 의견에 동의한다.

➜ _____

☐ daughter 명 딸
☐ agree 통 동의하다

11 The school is in the **center** of the **town**.
그 학교는 그 마을의 중심에 있다.

➜ _____

☐ center 명 한가운데, 중심
☐ town 명 (소)도시, 시내, 동네

12 There is **sand** at the **bottom** of my cup.
나의 컵의 밑바닥 부분에 모래가 있다.

➜ _____

☐ sand 명 모래, 모래사장
☐ bottom 명 맨 아랫부분, 바닥

13 He is standing in the **shade** of the **huge** tree.
그는 그 커다란 나무의 그늘에 서 있다.

➜ _____

☐ shade 명 그늘
☐ huge 형 (크기가) 엄청난, 거대한

14 My hands are **sticky** with **watermelon** juice.
내 손은 수박 주스로 끈적거린다.

➜ _____

☐ sticky 형 끈적거리는
☐ watermelon 명 수박

A 다음 문장을 잘 듣고, 빈칸에 알맞은 말을 써넣으세요.

1 There is a sale at the shoe store _____ .

2 The hero _____ against a dragon.

3 The _____ man enjoys his holiday in Korea.

4 She will _____ him against her dad's wish.

5 There is sand at the _____ of my cup.

6 The school is in the _____ of the town.

7 We buy some pumpkins for the _____ party.

B 다음 괄호 안에서 알맞은 말을 고르세요.

1 My hands are (dry / sticky / shade) with watermelon juice.

2 How do snakes move (straight / afraid / without) legs?

3 Draw a(n) (against / straight / rich) line on the map.

4 The train will (arrive / stand / draw) at the station soon.

5 The child is (afraid / sticky / agree) of the bad wizard.

6 He is standing in the (town / station / shade) of the huge tree.

7 My daughter always (understands / party / agrees) with me.

C 다음 문장을 우리말로 옮기세요.

1 How do snakes move without legs?

→ _____

2 Draw a straight line on the map.

→ _____

3 The child is afraid of the bad wizard.

→ _____

4 She will marry him against her dad's wish.

→ _____

D 다음 우리말을 영어로 옮길 때, 빈칸에 필요한 말을 보기 에서 골라 써넣으세요. (중복 사용 가능)

보기

| always | usually | circle | station | go | arrive | with |
| sticky | soon | move | center | city | town | agrees |

1 나의 딸은 항상 나의 의견에 동의한다.

→ My daughter _____ _____ _____ me.

2 그 학교는 그 마을의 중심에 있다.

→ The school is in the _____ of the _____ .

3 그 기차는 곧 역에 도착할 것이다.

→ The train will _____ at the _____ _____ .

4 내 손은 수박 주스로 끈적거린다.

→ My hands are _____ _____ watermelon juice.

Quick Check

● 다음의 알파벳으로 시작하는 우리말에 맞는 영단어를 쓰세요.

1 **d**_____ 딸	2 **w**_____ 수박	3 **p**_____ 호박	4 **f**_____ 싸움; 싸우다
5 **a**_____ 겁내는, 걱정하는	6 **a**_____ 도착하다	7 **c**_____ 한가운데, 중심	8 **H**_____ 핼러윈
9 **m**_____ 움직이다, 이동시키다	10 **s**_____ 모래, 모래사장	11 **s**_____ 그늘	12 **m**_____ 지도
13 **b**_____ 맨 아랫부분, 바닥	14 **h**_____ 휴가, 방학, 명절	15 **m**_____ 결혼하다	16 **h**_____ (크기가) 엄청난, 거대한
17 **s**_____ 곧은, 똑바른	18 **s**_____ 끈적거리는	19 **r**_____ 돈 많은, 부자인	20 **w**_____ ~없이
21 **t**_____ (소)도시, 시내, 동네	22 **d**_____ 시내에, 시내로	23 **s**_____ (기차)역	24 **d**_____ 용
25 **w**_____ 마법사	26 **s**_____ 판매, 할인 판매	27 **a**_____ 동의하다	28 **a**_____ ~에 반대하여, ~에 대항하여

정답 >> p68

다음은 Day 25에서 짚어볼 28개의 영어 단어입니다. 각각의 단어는 Level 1 ~ Level 4의 순서로 나열되어 있습니다. 각각의 단어를 잘 듣고 소리 내어 따라하세요.

Level 1 0006	Level 1 0163	Level 1 0258	Level 2 0348
evening	**arm**	**bath**	**soldier**
저녁, 밤	팔	목욕	군인

Level 2 0434	Level 2 0444	Level 2 0448	Level 2 0487
top	**there**	**away**	**snow**
꼭대기	거기; 거기에	떨어져서	눈; 눈이 오다

Level 2 0489	Level 2 0546	Level 3 0639	Level 3 0651
cover	**march**	**temple**	**right**
덮다	행진하다	사원, 절	오른쪽; 오른쪽의, 옳은

Level 3 0660	Level 3 0699	Level 3 0711	Level 3 0721
along	**almost**	**beach**	**event**
~을 따라, ~와 함께	거의	해변, 바닷가	행사, 사건

Level 3 0757	Level 3 0788	Level 3 0880	Level 4 0906
tall	**most**	**free**	**address**
키가 큰, 높은	가장 많은, 대부분의	자유로운, 한가한, 무료의	주소

Level 4 0920	Level 4 0921	Level 4 0942	Level 4 0983
parking lot	**area**	**accident**	**Internet**
주차장	지역, 구역	(특히 자동차) 사고	인터넷

Level 4 1056	Level 4 1139	Level 4 1141	Level 4 1185
desert	**reporter**	**enter**	**main**
사막	(보도) 기자	들어가다, 들어오다	가장 큰, 주된

다음 문장을 잘 들은 후, 써보며 문장의 뜻을 이해합니다.

1 The **beach** is 20 meters **away** from here.
그 해변은 여기에서 20미터 떨어져 있다.
➜ _____

2 The woman is bending her **right arm**.
그 여자는 그녀의 오른팔을 구부리고 있다.
➜ _____

3 **Most** people use the **Internet** every day.
대부분의 사람들이 매일 인터넷을 이용한다.
➜ _____

4 **Snow covers** the roof of the house.
눈이 그 집의 지붕을 덮는다.
➜ _____

5 The player is **almost** 2 meters **tall**.
그 선수는 키가 거의 2미터이다.
➜ _____

6 Only **reporters** can **enter** the village.
오직 기자들만이 그 마을에 들어갈 수 있다.
➜ _____

7 The **temple** is 5 meters from **there**.
그 사원은 거기에서 5미터(거리)이다.
➜ _____

☑ **Words Check**

☐ **beach** 명 해변, 바닷가
☐ **away** 부 떨어져서

☐ **right** 형 오른쪽의
☐ **arm** 명 팔

☐ **most** 형 대부분의
☐ **Internet** 명 인터넷

☐ **snow** 명 눈
☐ **cover** 동 덮다

☐ **almost** 부 거의
☐ **tall** 형 키가 큰

☐ **reporter** 명 (보도) 기자
☐ **enter** 동 들어가다, 들어오다

☐ **temple** 명 사원, 절
☐ **there** 명 거기

☑ **Words Check**

8 I have a **free** ticket to the science **event**.
나는 그 과학 행사의 무료 표를 한 장 가지고 있다.

➡ _____

☐ free 형 무료의
☐ event 명 행사

9 There was an **accident** at the **parking lot** today.
오늘 주차장에서 사고가 있었다.

➡ _____

☐ accident 명 사고
☐ parking lot 명 주차장

10 The **soldiers march** 20 kilometers a day.
그 군인들은 하루에 20킬로미터를 행진한다.

➡ _____

☐ soldier 명 군인
☐ march 동 행진하다

11 There are many stores **along** the **main** road.
큰길(주요 도로)을 따라 많은 가게들이 있다.

➡ _____

☐ along 전 ~을 따라
☐ main 형 가장 큰, 주된

12 Write your **address** at the **top** of the paper.
그 종이의 꼭대기에 너의 주소를 써라.

➡ _____

☐ address 명 주소
☐ top 명 꼭대기

13 I usually take a **bath** in the **evening**.
나는 보통 저녁에 목욕한다.

➡ _____

☐ bath 명 목욕
☐ evening 명 저녁, 밤

14 A **desert** is a very dry **area** of land.
사막은 육지의 매우 건조한 지역이다.

➡ _____

☐ desert 명 사막
☐ area 명 지역, 구역

A 다음 문장을 잘 듣고, 빈칸에 알맞은 말을 써넣으세요.

1 The woman is bending her _____ arm.

2 A desert is a very dry _____ of land.

3 Only reporters can _____ the village.

4 _____ people use the Internet every day.

5 The temple is 5 meters from _____ .

6 Write your _____ at the top of the paper.

7 There was an accident at the _____ today.

B 다음 괄호 안에서 알맞은 말을 고르세요.

1 I have a(n) (easy / free / clear) ticket to the science event.

2 There are many stores (along / about / almost) the main road.

3 Snow (races / takes / covers) the roof of the house.

4 The soldiers (march / cover / bend) 20 kilometers a day.

5 The beach is 20 meters (away / along / around) from here.

6 I usually take a (address / accident / bath) in the evening.

7 The player is (away / toward / almost) 2 meters tall.

C 다음 문장을 우리말로 옮기세요.

1 The beach is 20 meters away from here.

➡ _____

2 I have a free ticket to the science event.

➡ _____

3 The player is almost 2 meters tall.

➡ _____

4 There are many stores along the main road.

➡ _____

D 다음 우리말을 영어로 옮길 때, 빈칸에 필요한 말을 보기에서 골라 써넣으세요. (중복 사용 가능)

보기

| go | only | almost | event | village | most | use |
| with | desert | area | land | parking lot | enter | accident |

1 오직 기자들만이 그 마을에 들어갈 수 있다.

➡ _____ reporters can _____ the _____.

2 대부분의 사람들이 매일 인터넷을 이용한다.

➡ _____ people _____ the Internet every day.

3 사막은 육지의 매우 건조한 지역이다.

➡ A(n) _____ is a very dry _____ of _____.

4 오늘 주차장에서 사고가 있었다.

➡ There was a(n) _____ at the _____ today.

Quick Check

● 다음의 알파벳으로 시작하는 우리말에 맞는 영단어를 쓰세요.

1 e＿＿＿＿＿ 저녁, 밤	2 a＿＿＿＿＿ 팔	3 b＿＿＿＿＿ 목욕	4 s＿＿＿＿＿ 군인
5 t＿＿＿＿＿ 꼭대기	6 t＿＿＿＿＿ 거기; 거기에	7 a＿＿＿＿＿ 떨어져서	8 s＿＿＿＿＿ 눈; 눈이 오다
9 c＿＿＿＿＿ 덮다	10 m＿＿＿＿＿ 행진하다	11 t＿＿＿＿＿ 사원, 절	12 r＿＿＿＿＿ 오른쪽; 오른쪽의, 옳은
13 a＿＿＿＿＿ ～을 따라, ～와 함께	14 a＿＿＿＿＿ 거의	15 b＿＿＿＿＿ 해변, 바닷가	16 e＿＿＿＿＿ 행사, 사건
17 t＿＿＿＿＿ 키가 큰, 높은	18 m＿＿＿＿＿ 가장 많은, 대부분의	19 f＿＿＿＿＿ 자유로운, 한가한, 무료의	20 a＿＿＿＿＿ 주소
21 p＿＿＿＿＿ 주차장	22 a＿＿＿＿＿ 지역, 구역	23 a＿＿＿＿＿ (특히 자동차) 사고	24 l＿＿＿＿＿ 인터넷
25 d＿＿＿＿＿ 사막	26 r＿＿＿＿＿ (보도) 기자	27 e＿＿＿＿＿ 들어가다, 들어오다	28 m＿＿＿＿＿ 가장 큰, 주된

정답 >> p69

DAY 26 Words Preview

다음은 Day 26에서 짚어볼 28개의 영어 단어입니다. 각각의 단어는 Level 1 ~ Level 4의 순서로 나열되어 있습니다. 각각의 단어를 잘 듣고 소리 내어 따라하세요.

Level 1 0040	Level 1 0047	Level 1 0218	Level 1 0295
gentleman 신사	**lizard** 도마뱀	**mirror** 거울	**tape** 테이프; 테이프로 묶다

Level 2 0300	Level 2 0378	Level 2 0405	Level 2 0429
set 놓다, 맞추다	**kick** 차다	**minute** 분 (시간)	**ahead** 미리, 앞서, 앞으로

Level 2 0445	Level 2 0458	Level 2 0537	Level 2 0598
middle 한가운데, 중앙	**yesterday** 어제	**fold** 접다	**stupid** 어리석은

Level 3 0770	Level 3 0807	Level 3 0884	Level 3 0885
half 반, 절반	**lovely** 사랑스러운, 어여쁜	**strong** 튼튼한, 강한	**young** 어린, 젊은

Level 4 0935	Level 4 0944	Level 4 0947	Level 4 0948
apartment 아파트	**road** (차가 다니는) 도로, 길	**side** 쪽, 옆면	**corner** 모퉁이

Level 4 0974	Level 4 0994	Level 4 1010	Level 4 1012
sail 항해하다	**bake** (음식을) 굽다	**guess** 추측하다, 알아맞히다; 추측	**answer** 대답; 대답하다

Level 4 1018	Level 4 1066	Level 4 1190	Level 4 1199
absent 결석한	**ocean** 대양, 바다	**together** 함께, 같이	**hold** 잡다, (회의를) 열다

다음 문장을 잘 들은 후, 써보며 문장의 뜻을 이해합니다.

☑ **Words Check**

1 A **lizard** is running across the **mirror**.
도마뱀 한 마리가 그 거울을 가로질러 달려가고 있다.

→ _____

☐ lizard 명 도마뱀
☐ mirror 명 거울

2 The princess was **lovely** but **stupid**.
그 공주는 사랑스러웠지만 어리석었다.

→ _____

☐ lovely 형 사랑스러운, 어여쁜
☐ stupid 형 어리석은

3 They **sail** the **ocean** on a small boat.
그들은 작은 배를 타고 대양을 항해한다.

→ _____

☐ sail 동 항해하다
☐ ocean 명 대양, 바다

4 He is **taping** the boxes **together**.
그는 상자들을 테이프로 한데 묶고 있다.

→ _____

☐ tape 동 테이프로 묶다
☐ together 부 함께, 같이

5 Most people there were **young** and **strong**.
그곳 대부분의 사람들이 젊고 튼튼했다.

→ _____

☐ young 형 어린, 젊은
☐ strong 형 튼튼한, 강한

6 **Fold** the paper in **half**.
그 종이를 반으로 접어라.

→ _____

☐ fold 동 접다
☐ half 명 반, 절반

7 He **kicks** the ball into the **corner**.
그는 그 공을 모퉁이 안으로 찬다.

→ _____

☐ kick 동 차다
☐ corner 명 모퉁이

8 She was **absent** from school **yesterday**.

그녀는 어제 학교에 결석했다.

→ _____

9 The baker can **bake** 20 cookies in 10 **minutes**.

그 제빵사는 10분 안에 20개의 쿠키를 구울 수 있다.

→ _____

10 That **gentleman** always **holds** the door for me.

저 신사는 항상 나를 위해 문을 잡아준다.

→ _____

11 Can you **guess** the **answer** to this question?

이 질문에 대한 정답을 알아맞힐 수 있니?

→ _____

12 We parked the car at the **side** of the **road**.

우리는 도로의 옆쪽에 그 차를 주차했다.

→ _____

13 **Set** your clocks **ahead** one hour.

당신들의 시계들을 한 시간 앞으로 맞추시오.

→ _____

14 My **apartment** is in the **middle** of the town.

나의 아파트는 마을의 중앙에 있다.

→ _____

☑ **Words Check**

☐ absent 형 결석한
☐ yesterday 부 어제

☐ bake 동 (음식을) 굽다
☐ minute 명 분

☐ gentleman 명 신사
☐ hold 동 잡다

☐ guess 동 추측하다, 알아맞히다
☐ answer 명 대답

☐ side 명 쪽, 옆면
☐ road 명 (차가 다니는) 도로, 길

☐ set 동 놓다, 맞추다
☐ ahead 부 미리, 앞으로

☐ apartment 명 아파트
☐ middle 명 한가운데, 중앙

A   다음 문장을 잘 듣고, 빈칸에 알맞은 말을 써넣으세요.

1   A lizard is running across the _____ .

2   Most people there were _____ and strong.

3   He kicks the ball into the _____ .

4   The princess was lovely but _____ .

5   We parked the car at the _____ of the road.

6   My apartment is in the _____ of the town.

7   _____ your clocks ahead one hour.

B   다음 괄호 안에서 알맞은 말을 고르세요.

1   They (hold / sail / answer) the ocean on a small boat.

2   He is taping the boxes (half / together / strong).

3   (Call / Fold / Side) the paper in half.

4   She was (fit / fever / absent) from school yesterday.

5   That gentleman always (flows / holds / sails) the door for me.

6   Can you (guess / hit / break) the answer to this question?

7   The baker can bake 20 cookies in 10 (together / minutes / kick).

C 다음 문장을 우리말로 옮기세요.

1 Fold the paper in half.

→ _____

2 She was absent from school yesterday.

→ _____

3 That gentleman always holds the door for me.

→ _____

4 The princess was lovely but stupid.

→ _____

D 다음 우리말을 영어로 옮길 때, 빈칸에 필요한 말을 보기 에서 골라 써넣으세요. (중복 사용 가능)

보기

set	parked	side	clocks	road	ask	slow
question	guess	right	answer	sail	ocean	ahead

1 그들은 작은 배를 타고 대양을 항해한다.

→ They _____ the _____ on a small boat.

2 이 질문에 대한 정답을 알아맞힐 수 있니?

→ Can you _____ the _____ to this _____?

3 당신들의 시계들을 한 시간 앞으로 맞추시오.

→ _____ your _____ _____ one hour.

4 우리는 도로의 옆쪽에 그 차를 주차했다.

→ We _____ the car at the _____ of the road.

Quick Check

● 다음의 알파벳으로 시작하는 우리말에 맞는 영단어를 쓰세요.

1 **g**_____ 신사	2 **l**_____ 도마뱀	3 **m**_____ 거울	4 **t**_____ 테이프; 테이프로 묶다
5 **s**_____ 놓다, 맞추다	6 **k**_____ 차다	7 **m**_____ 분 (시간)	8 **a**_____ 미리, 앞서, 앞으로
9 **m**_____ 한가운데, 중앙	10 **y**_____ 어제	11 **f**_____ 접다	12 **s**_____ 어리석은
13 **h**_____ 반, 절반	14 **l**_____ 사랑스러운, 어여쁜	15 **s**_____ 튼튼한, 강한	16 **y**_____ 어린, 젊은
17 **a**_____ 아파트	18 **r**_____ (차가 다니는) 도로, 길	19 **s**_____ 쪽, 옆면	20 **c**_____ 모퉁이
21 **s**_____ 항해하다	22 **b**_____ (음식을) 굽다	23 **g**_____ 추측하다, 알아맞히다; 추측	24 **a**_____ 대답; 대답하다
25 **a**_____ 결석한	26 **o**_____ 대양, 바다	27 **t**_____ 함께, 같이	28 **h**_____ 잡다, (회의를) 열다

정답 >> p69

Words Preview

다음은 Day 27에서 짚어볼 28개의 영어 단어입니다. 각각의 단어는 Level 1 ~ Level 4의 순서로
나열되어 있습니다. 각각의 단어를 잘 듣고 소리 내어 따라하세요.

Level 1 0097	Level 1 0196	Level 1 0226	Level 1 0272
cabbage	**green**	**television**	**topic**
양배추	녹색; 녹색의	텔레비전	주제

Level 1 0286	Level 2 0309	Level 2 0325	Level 2 0360
clap	**sorry**	**interesting**	**marathon**
박수치다	안된, 미안한	재미있는, 흥미로운	마라톤

Level 2 0370	Level 2 0376	Level 2 0389	Level 2 0450
player	**shoot**	**wallet**	**end**
운동선수	(총을) 쏘다, (공을) 차다, 던지다	지갑	끝; 끝내다

Level 2 0565	Level 2 0579	Level 3 0631	Level 3 0819
rock	**palace**	**place**	**brilliant**
바위	궁전, 궁궐	곳, 장소; 놓다, 두다	(빛·색이) 아주 선명한, (재능이) 뛰어난

Level 3 0841	Level 3 0854	Level 4 1044	Level 4 1102
solid	**fourth**	**patient**	**cell phone**
단단한	네 번째의, 네 번째로	환자; 참을성 있는	휴대전화

Level 4 1109	Level 4 1118	Level 4 1124	Level 4 1126
already	**leave**	**website**	**information**
이미, 벌써	남기고 가다, 떠나다	웹사이트	정보

Level 4 1140	Level 4 1142	Level 4 1161	Level 4 1181
audience	**pull**	**example**	**condition**
시청자, 청중	당기다	본보기, 예시	상태, 조건

다음 문장을 잘 들은 후, 써보며 문장의 뜻을 이해합니다.

1 I am **sorry**, but you can't use my **cell phone**.
죄송하지만, 당신은 나의 휴대전화를 쓸 수 없어요.

➡ _____

2 Water and wind can break **solid rock**.
물과 바람이 단단한 바위를 부술 수 있다.

➡ _____

3 **Pull** the sofa toward the **television**.
소파를 텔레비전 쪽으로 당겨라.

➡ _____

4 Do not **leave** your **wallet** in the car.
너의 지갑을 차 안에 남겨두지 마라.

➡ _____

5 The cat has **brilliant green** eyes.
그 고양이는 선명한 초록색 눈을 가지고 있다.

➡ _____

6 The **player shoots** the ball into the goal.
그 선수는 골문 안으로 그 공을 찬다.

➡ _____

7 The doctor checks the **patient**'s **condition**.
그 의사가 그 환자의 상태를 확인한다.

➡ _____

☑ **Words Check**

☐ **sorry** 형 미안한
☐ **cell phone** 명 휴대전화

☐ **solid** 형 단단한
☐ **rock** 명 바위

☐ **pull** 동 당기다
☐ **television** 명 텔레비전

☐ **leave** 동 남기고 가다
☐ **wallet** 명 지갑

☐ **brilliant** 형 아주 선명한
☐ **green** 형 녹색의

☐ **player** 명 운동선수
☐ **shoot** 동 (공을) 차다

☐ **patient** 명 환자
☐ **condition** 명 상태, 조건

8 We read about **interesting places** around the world.
우리는 세계의 흥미로운 장소들에 대해 읽는다.

→ _____

9 She came **fourth** in the **marathon**.
그녀는 그 마라톤에서 네 번째로 왔다.

→ _____

10 A **cabbage** is a good **example** of healthy food.
양배추는 몸에 좋은 음식의 좋은 예시이다.

→ _____

11 I **already** know many things about this **topic**.
나는 이 주제에 대한 많은 것들을 이미 알고 있다.

→ _____

12 We can get the **information** from their **website**.
우리는 그 정보를 그들의 웹사이트로부터 얻을 수 있다.

→ _____

13 There is an old **palace** at the **end** of the street.
그 길의 끝에 오래된 궁궐이 있다.

→ _____

14 The **audience clapped** after the show.
청중들이 그 쇼가 끝난 후 박수쳤다.

→ _____

☑ **Words Check**

- [ ] interesting 형 재미있는, 흥미로운
- [ ] place 명 곳, 장소

- [ ] fourth 부 네 번째로
- [ ] marathon 명 마라톤

- [ ] cabbage 명 양배추
- [ ] example 명 본보기, 예시

- [ ] already 부 이미, 벌써
- [ ] topic 명 주제

- [ ] information 명 정보
- [ ] website 명 웹사이트

- [ ] palace 명 궁전, 궁궐
- [ ] end 명 끝

- [ ] audience 명 청중
- [ ] clap 동 박수치다

A 다음 문장을 잘 듣고, 빈칸에 알맞은 말을 써넣으세요.

1 I am _____, but you can't use my cell phone.

2 She came _____ in the marathon.

3 We can get the _____ from their website.

4 The cat has _____ green eyes.

5 There is an old _____ at the end of the street.

6 We read about _____ places around the world.

7 A cabbage is a good _____ of healthy food.

B 다음 괄호 안에서 알맞은 말을 고르세요.

1 Do not (leave / clap / safe) your wallet in the car.

2 The player (looses / shoots / matches) the ball into the goal.

3 Water and wind can break (brilliant / solid / example) rock.

4 I (close / true / already) know many things about this topic.

5 (Pull / Clap / Pass) the sofa toward the television.

6 The doctor checks the patient's (healthy / already / condition).

7 The audience (hit / pulled / clapped) after the show.

C 다음 문장을 우리말로 옮기세요.

1 She came fourth in the marathon.

→ _____

2 Do not leave your wallet in the car.

→ _____

3 We can get the information from their website.

→ _____

4 We read about interesting places around the world.

→ _____

D 다음 우리말을 영어로 옮길 때, 빈칸에 필요한 말을 (보기)에서 골라 써넣으세요. (중복 사용 가능)

보기

take	cabbage	pull	for	television	already	topic
toward	example	healthy	palace	end	street	about

1 소파를 텔레비전 쪽으로 당겨라.

→ _____ the sofa _____ the _____.

2 나는 이 주제에 대한 많은 것들을 이미 알고 있다.

→ I _____ know many things about this _____.

3 양배추는 몸에 좋은 음식의 좋은 예시이다.

→ A _____ is a good _____ of _____ food.

4 그 길의 끝에 오래된 궁궐이 있다.

→ There is an old _____ at the _____ of the _____.

Quick Check

● 다음의 알파벳으로 시작하는 우리말에 맞는 영단어를 쓰세요.

1 c_____ 양배추	2 g_____ 녹색; 녹색의	3 t_____ 텔레비전	4 t_____ 주제
5 c_____ 박수치다	6 s_____ 안된, 미안한	7 i_____ 재미있는, 흥미로운	8 m_____ 마라톤
9 p_____ 운동선수	10 s_____ (총을) 쏘다, (공을) 차다, 던지다	11 w_____ 지갑	12 e_____ 끝; 끝내다
13 r_____ 바위	14 p_____ 궁전, 궁궐	15 p_____ 곳, 장소; 놓다, 두다	16 b_____ (빛·색이) 아주 선명한, (재능이) 뛰어난
17 s_____ 단단한	18 f_____ 네 번째의, 네 번째로	19 p_____ 환자; 참을성 있는	20 c_____ 휴대전화
21 a_____ 이미, 벌써	22 l_____ 남기고 가다, 떠나다	23 w_____ 웹사이트	24 i_____ 정보
25 a_____ 시청자, 청중	26 p_____ 당기다	27 e_____ 본보기, 예시	28 c_____ 상태, 조건

정답 >> p70

Words Preview

다음은 Day 28에서 짚어볼 28개의 영어 단어입니다. 각각의 단어는 Level 1 ~ Level 4의 순서로 나열되어 있습니다. 각각의 단어를 잘 듣고 소리 내어 따라하세요.

Level 1 0058	Level 1 0145	Level 1 0247	Level 2 0335
elephant	**glasses**	**garbage**	**role**
코끼리	안경	쓰레기	역할

Level 2 0349	Level 2 0397	Level 2 0409	Level 2 0411
scientist	**allowance**	**present**	**sunrise**
과학자	용돈	현재, 지금, 선물	동틀 녘, 일출

Level 2 0513	Level 2 0538	Level 3 0665	Level 3 0692
loud	**collect**	**find**	**sometimes**
(소리가) 큰, 시끄러운	모으다, 수집하다	발견하다, 찾다	때때로, 가끔

Level 3 0752	Level 4 0912	Level 4 0957	Level 4 1029
power	**city**	**take**	**refund**
힘	도시, 시	가져가다, 데려가다, (차를) 타다	환불(금); 환불하다

Level 4 1030	Level 4 1034	Level 4 1045	Level 4 1053
exchange	**sick**	**problem**	**cave**
교환; 교환하다	아픈, 병든	문제	동굴

Level 4 1055	Level 4 1093	Level 4 1127	Level 4 1138
earthquake	**giant**	**fact**	**announcer**
지진	거인; 거대한	사실	방송 진행자, 아나운서

Level 4 1167	Level 4 1174	Level 4 1177	Level 4 1183
fantastic	**discuss**	**issue**	**different**
환상적인	~에 대해 의논하다	주제, 안건, 문제	다른

다음 문장을 잘 들은 후, 써보며 문장의 뜻을 이해합니다.

1 Another **earthquake** can hit the **city** tonight.
또 다른 지진이 오늘 밤 그 도시를 강타할 수 있다.

→ _____

2 The **announcer** speaks in a **loud** voice.
그 방송 진행자는 큰 목소리로 말한다.

→ _____

3 We will **discuss** the **problem** today.
우리는 오늘 그 문제에 대해 의논할 것이다.

→ _____

4 I **sometimes** buy pens with my **allowance**.
나는 때때로 나의 용돈으로 펜들을 산다.

→ _____

5 A **giant power** pulls them to the center.
거대한 힘이 그것들을 중심으로 끌어당긴다.

→ _____

6 My friend and I **exchange presents** on Christmas.
내 친구와 나는 크리스마스에 선물을 교환한다[주고받는다].

→ _____

7 Do they **collect** the **garbage** on every Thursday?
그들은 목요일마다 쓰레기를 수거하니?

→ _____

☑ **Words Check**

- [ ] earthquake 명 지진
- [ ] city 명 도시, 시

- [ ] announcer 명 방송 진행자, 아나운서
- [ ] loud 형 큰, 시끄러운

- [ ] discuss 동 ~에 대해 의논하다
- [ ] problem 명 문제

- [ ] sometimes 부 때때로, 가끔
- [ ] allowance 명 용돈

- [ ] giant 형 거대한
- [ ] power 명 힘

- [ ] exchange 동 교환하다
- [ ] present 명 선물

- [ ] collect 동 모으다, 수집하다
- [ ] garbage 명 쓰레기

8 You can **find** several **caves** on that mountain.

너는 저 산에서 몇 개의 동굴들을 발견할 수 있다.

➡ _____

9 An ambulance **takes sick** people to the hospital.

앰뷸런스는 아픈 사람들을 병원에 데려간다.

➡ _____

10 Will you give me a **refund** for these **glasses**?

이 안경을 환불해 주시겠어요?

➡ _____

11 The **scientist** plays an important **role** in the project.

그 과학자는 그 프로젝트에서 중요한 역할을 한다.

➡ _____

12 They talk about interesting **facts** about **elephants**.

그들은 코끼리들에 대한 흥미로운 사실들에 대해 이야기한다.

➡ _____

13 The beach is famous for its **fantastic sunrises**.

그 해변은 그것의 환상적인 일출로 유명하다.

➡ _____

14 Let's think about this **issue** in a **different** way.

이 문제에 대해 다른 방식으로 생각해보자.

➡ _____

☑ **Words Check**

☐ find 통 발견하다, 찾다
☐ cave 명 동굴

☐ take 통 데려가다
☐ sick 형 아픈, 병든

☐ refund 명 환불(금)
☐ glasses 명 안경

☐ scientist 명 과학자
☐ role 명 역할

☐ fact 명 사실
☐ elephant 명 코끼리

☐ fantastic 형 환상적인
☐ sunrise 명 동틀 녘, 일출

☐ issue 명 안건, 문제
☐ different 형 다른

A 다음 문장을 잘 듣고, 빈칸에 알맞은 말을 써넣으세요.

1 Let's think about this issue in a _____ way.

2 We will _____ the problem today.

3 The beach is famous for its _____ sunrises.

4 I _____ buy pens with my allowance.

5 Will you give me a _____ for these glasses?

6 Another _____ can hit the city tonight.

7 My friend and I exchange _____ on Christmas.

B 다음 괄호 안에서 알맞은 말을 고르세요.

1 A (giant / wide / loud) power pulls them to the center.

2 The announcer speaks in a (noise / safe / loud) voice.

3 They talk about interesting (sides / facts / flat) about elephants.

4 The scientist plays an important (issue / role / cave) in the project.

5 An ambulance (keeps / takes / calls) sick people to the hospital.

6 Do they (collect / refund / repeat) the garbage on every Thursday?

7 You can (collect / exchange / find) several caves on that mountain.

C 다음 문장을 우리말로 옮기세요.

1 Another earthquake can hit the city tonight.

➡ _____

2 We will discuss the problem today.

➡ _____

3 An ambulance takes sick people to the hospital.

➡ _____

4 The scientist plays an important role in the project.

➡ _____

D 다음 우리말을 영어로 옮길 때, 빈칸에 필요한 말을 보기에서 골라 써넣으세요. (중복 사용 가능)

보기

every	get	caves	find	exchange	issue	collect
garbage	different	give	easy	loud	way	presents

1 내 친구와 나는 크리스마스에 선물을 주고받는다.

➡ My friend and I _____ _____ on Christmas.

2 그들은 목요일마다 쓰레기를 수거하니?

➡ Do they _____ the _____ on _____ Thursday?

3 이 문제에 대해 다른 방식으로 생각해보자.

➡ Let's think about this _____ in a _____ _____.

4 너는 저 산에서 몇 개의 동굴들을 발견할 수 있다.

➡ You can _____ several _____ on that mountain.

Quick Check

● 다음의 알파벳으로 시작하는 우리말에 맞는 영단어를 쓰세요.

1 e_____ 코끼리	2 g_____ 안경	3 g_____ 쓰레기	4 r_____ 역할
5 s_____ 과학자	6 a_____ 용돈	7 p_____ 현재, 지금, 선물	8 s_____ 동틀 녘, 일출
9 l_____ (소리가) 큰, 시끄러운	10 c_____ 모으다, 수집하다	11 f_____ 발견하다, 찾다	12 s_____ 때때로, 가끔
13 p_____ 힘	14 c_____ 도시, 시	15 t_____ 가져가다, 데려가다, (차를) 타다	16 r_____ 환불(금); 환불하다
17 e_____ 교환; 교환하다	18 s_____ 아픈, 병든	19 p_____ 문제	20 c_____ 동굴
21 e_____ 지진	22 g_____ 거인; 거대한	23 f_____ 사실	24 a_____ 방송 진행자, 아나운서
25 f_____ 환상적인	26 d_____ ~에 대해 의논하다	27 i_____ 주제, 안건, 문제	28 d_____ 다른

정답 >> p70

Overall test

Overall Test · 1회

1 다음 그림에 알맞은 단어를 고르세요.

① control
② introduce
③ exchange
④ perform

[2-3] 다음 중 나머지 셋과 성격이 <u>다른</u> 단어를 고르세요.

2 ① bean ② pear
　　③ potato ④ cabbage

3 ① see ② run
　　③ hear ④ smell

4 다음 빈칸에 알맞은 단어를 써넣으세요.

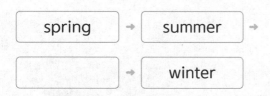

5 다음 문장의 밑줄 친 단어의 우리말 뜻을 고르세요.

> I <u>decide</u> to buy some flowers for my mother.

① 알려주다　　② 결심하다
③ 계획하다　　④ 생각하다

[6-7] 다음 단어들의 짝지어진 관계가 나머지 셋과 <u>다른</u> 것을 고르세요.

6 ① job – astronaut
　　② vehicle – subway
　　③ weather – sunny
　　④ patient – doctor

7 ① heavy – light
　　② slim – stout
　　③ land – island
　　④ month – March

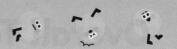

8 다음 중 slow와 반대 의미의 단어를 고르세요.

① soon   ② late

③ early   ④ fast

9 다음 중 kid와 바꿔 쓸 수 있는 단어를 고르세요.

① baby   ② guy

③ child   ④ student

10 다음 짝지어진 단어들의 의미가 반대 관계인 것을 고르세요.

① get – take

② sell – sale

③ hard – difficult

④ same – different

11 다음 밑줄 친 부분과 바꿔 쓸 수 있는 단어를 고르세요.

> I <u>think</u> he can skate on the ice.

① say   ② agree

③ believe   ④ choose

12 다음 밑줄 친 부분과 같은 의미를 나타내는 단어를 고르세요.

> I am <u>happy</u> to see you.

① excited   ② surprised

③ glad   ④ fine

13 다음 대화에서 빈칸에 들어갈 알맞은 말을 고르세요.

> A: How is the weather today?
> B: It is _____. We need an umbrella.

① sunny   ② rainy

③ cold   ④ foggy

14 What do we call a child of our uncle or aunt?

① cousin   ② brother

③ daughter   ④ boy

Overall Test · 2회

1 다음 그림에 알맞은 단어를 고르세요.

① sell
② send
③ pay
④ pick

[2-3] 다음 중 나머지 셋과 성격이 <u>다른</u> 단어를 고르세요.

2 ① yacht   ② jet
      ③ helicopter ④ speed

3 ① soil   ② forest
      ③ river   ④ spaceship

4 다음 빈칸에 알맞은 단어를 써넣으세요.

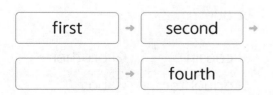

5 다음 문장의 밑줄 친 단어의 우리말 뜻을 고르세요.

> Can I <u>exchange</u> this red shirt for that white shirt?

① 지불하다   ② 환불하다
③ 교환하다   ④ 선택하다

[6-7] 다음 단어들의 짝지어진 관계가 나머지 셋과 <u>다른</u> 것을 고르세요.

6 ① short – tall
      ② wide – narrow
      ③ small – big
      ④ little – tiny

7 ① taste – spicy
      ② season – spring
      ③ restroom – bathroom
      ④ holiday – Halloween

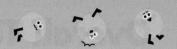

8 다음 중 thick과 반대 의미의 단어를 고르세요.

① tiny   ② thin

③ huge   ④ little

9 다음 중 angry와 바꿔 쓸 수 있는 단어를 고르세요.

① worry   ② hate

③ sad   ④ mad

10 다음 짝지어진 단어들의 의미가 반대 관계인 것을 고르세요.

① throw – shoot

② busy – free

③ charge – change

④ between – among

11 다음 밑줄 친 부분과 바꿔 쓸 수 있는 단어를 고르세요.

> I like the house with a green roof. <u>However</u>, I will choose the house with a red roof.

① Because   ② But

③ Only   ④ And

12 다음 중 밑줄 친 부분과 같은 의미를 나타내는 단어를 고르세요.

> I eat a lot of green and yellow vegetables.
> Because I want to keep <u>fit</u>.

① thirsty   ② happy

③ thin   ④ healthy

13 다음 대화에서 빈칸에 들어갈 알맞은 말을 고르세요.

> A: What is the date today?
> B: It is _____. Let's eat out!

① Christmas day

② January 1st

③ Sunday

④ a nice day

14 What do we call the main idea of information?

① point   ② joke

③ tale   ④ fact

Overall Test · 3회

1 다음 그림에 알맞은 단어를 고르세요.

① deaf
② blind
③ dumb
④ habit

[2-3] 다음 중 나머지 셋과 성격이 <u>다른</u> 단어를 고르세요.

2 ① fever   ② cough
③ sneeze   ④ bone

3 ① stream   ② satellite
③ rocket   ④ spaceship

4 다음 빈칸에 알맞은 단어를 써넣으세요.

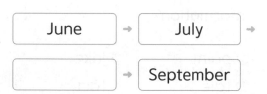

5 다음 문장의 밑줄 친 단어의 우리말 뜻을 고르세요.

> Can I <u>borrow</u> the magazine?

① 빌리다   ② 가져가다
③ 시도하다   ④ 빌려주다

[6-7] 다음 단어들의 짝지어진 관계가 나머지 셋과 <u>다른</u> 것을 고르세요.

6 ① mind – hate
② calm – silent
③ above – below
④ wallet – purse

7 ① money – coin
② clothes – coat
③ meat – chicken
④ chocolate – cookie

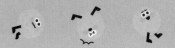

8 다음 중 smooth와 반대 의미의 단어를 고르세요.

① sticky   ② weak

③ rough   ④ loose

9 다음 중 difficult와 바꿔 쓸 수 있는 단어를 고르세요.

① hard   ② serious

③ main   ④ careful

10 다음 짝지어진 단어들의 의미가 반대 관계인 것을 고르세요.

① free – ready

② flat – straight

③ heavy – light

④ vivid – colorful

11 다음 밑줄 친 부분과 바꾸어 쓸 수 있는 단어를 고르세요.

> What did we do last <u>lesson</u>?

① project   ② study

③ work   ④ class

12 다음 중 밑줄 친 부분과 같은 의미를 나타내는 단어를 고르세요.

> She is the famous <u>writer</u> of children's books.

① hero   ② author

③ teacher   ④ reporter

13 다음 대화에서 빈칸에 들어갈 알맞은 말을 고르세요.

> A: Oh, you are good at playing the piano!
> B: Thank you. I _____ every day!

① care   ② practice

③ lesson   ④ compose

14 What do we call a woman with magic powers?

① angel   ② witch

③ musician   ④ hero

MEMO

MEMO

MEMO

초등영단어
문장의 시작

Final
실전 활용

Level **5**

워크북 + 정답

초등영단어

문장의 시작

Final 실전 활용

Level **5**

초등영단어
문장의 시작

Final
실전 활용

Workbook

A 다음 우리말 뜻과 같도록 주어진 단어들을 바르게 배열하세요.

1 태양은 항성이다. (is / star / the / a / sun)

➡ ....

2 나의 삼촌은 대머리이다. (is / my / bald / uncle)

➡ ....

3 그들은 빨간 튤립들을 산다. (tulips / buy / they / red)

➡ ....

4 그 원숭이는 꼬리가 길다. (has / the / a / monkey / tail / long)

➡ ....

5 뱀 한 마리가 나무에 있다. (a / in / the / snake / is / tree)

➡ ....

6 개구리는 수영을 잘 할 수 있다. (a / well / swim / frog / can)

➡ ....

7 너는 내 컴퓨터를 써도 돼. (use / you / computer / can / my)

➡ ....

8 만나서 반가워. (nice / meet / you / to)

➡ ....

9 내가 너의 의견에 대해 물어봐도 될까? (your / can / about / I / ask / opinion)

➡ ....

10 나는 오전 6시 정각에 일어난다. (I / at / the / 6 / wake / up / morning / o'clock / in)

➡ ....

B 다음 제시된 단어 수에 맞게 우리말을 영작하세요. (단 조건이 있는 경우, 그것을 만족시킬 것)

1 나의 삼촌은 대머리이다. 4단어

➡ ....

2 이 치즈는 좋은 냄새가 난다. 4단어

➡ ....

3 그 원숭이는 꼬리가 길다. 6단어

➡ ....

4 그는 새들을 잡을 수 있다. 4단어

➡ ....

5 그 시계는 느리다. 4단어

➡ ....

6 개구리는 수영을 잘할 수 있다. 5단어

➡ ....

7 내가 너의 의견에 대해 물어봐도 될까? 6단어 (can을 포함할 것)

➡ ....

8 나는 오전 6시 정각에 일어난다. 9단어

➡ ....

9 그 새끼 호랑이는 귀엽다. 5단어

➡ ....

10 너는 내 컴퓨터를 써도 돼. 5단어 (can을 포함할 것)

➡ ....

DAY 02 Making Sentences

A 다음 우리말 뜻과 같도록 주어진 단어들을 바르게 배열하세요.

1 그의 형은 유명한 배우이다. (brother / a / actor / is / famous / his)

➡ ....

2 그 소년은 조용하고 수줍음을 많이 탄다. (the / shy / and / boy / is / quiet)

➡ ....

3 나는 새 옷을 살 것이다. (I / clothes / new / will / buy)

➡ ....

4 수요일은 내가 가장 좋아하는 요일이다. (is / day / Wednesday / favorite / my)

➡ ....

5 농구는 쉬운 스포츠가 아니다. (an / sport / is / not / easy / basketball)

➡ ....

6 나는 오늘 일찍 잘 것이다. (early / will / to / I / go / today / bed)

➡ ....

7 그 질문을 반복해주겠니? (the / you / question / can / repeat)

➡ ....

8 우리는 산에서 도보여행을 할 수 있다. (in / mountains / we / hike / can / the)

➡ ....

9 그의 장갑들은 덤불 속에 있다. (gloves / the / his / in / bush / are)

➡ ....

10 이 식당은 7시 정각에 문을 닫는다. (at / o'clock / restaurant / this / 7 / closes)

➡ ....

B 다음 제시된 단어 수에 맞게 우리말을 영작하세요. (단 조건이 있는 경우, 그것을 만족시킬 것)

1 그의 피부는 붉고 건조하다. `6단어`

➡ ....

2 그 강은 매우 넓다. `5단어`

➡ ....

3 그의 형은 유명한 배우이다. `6단어`

➡ ....

4 그들은 그 더러운 방을 청소한다. `5단어`

➡ ....

5 수요일은 내가 가장 좋아하는 요일이다. `5단어`

➡ ....

6 저것들은 진짜 꽃이니? `4단어`

➡ ....

7 농구는 쉬운 스포츠가 아니다. `6단어`

➡ ....

8 그 소년은 조용하고 수줍음을 많이 탄다. `6단어`

➡ ....

9 이 식당은 7시 정각에 문을 닫는다. `6단어`

➡ ....

10 우리는 산에서 도보여행을 할 수 있다. `6단어`

➡ ....

Making Sentences

A 다음 우리말 뜻과 같도록 주어진 단어들을 바르게 배열하세요.

1 너는 천장에 닿을 수 있니? (the / reach / ceiling / you / can)

→ ....

2 그 나뭇잎은 무슨 색이니? (leaf / color / is / what / the)

→ ....

3 너 우리와 저녁 식사 함께 할래? (us / join / will / for / dinner / you)

→ ....

4 그 도서관은 9시 정각에 문을 연다. (the / o'clock / at / library / opens / 9)

→ ....

5 그들은 열쇠로 그 문을 연다. (with / open / they / door / a / the / key)

→ ....

6 우리는 칼로 고기를 자른다. (knife / we / a / cut / with / meat)

→ ....

7 그 새는 아름다운 날개들을 가지고 있다. (has / beautiful / the / bird / wings)

→ ....

8 너의 손을 비누로 씻어라. (soap / your / with / hands / wash)

→ ....

9 이 수프는 짜지만 맛있다. (is / but / this / salty / delicious / soup)

→ ....

10 저에게 그 잡지를 건네주세요. (pass / please / the / me / magazine)

→ ....

B 다음 제시된 단어 수에 맞게 우리말을 영작하세요. (단 조건이 있는 경우, 그것을 만족시킬 것)

1 나는 게으른 사람들을 몹시 싫어한다. (4단어)

➡ ....

2 이 집은 작고 더럽다. (6단어)

➡ ....

3 그들은 열쇠로 그 문을 연다. (7단어)

➡ ....

4 그 나뭇잎은 무슨 색이니? (5단어)

➡ ....

5 내일은 나의 아버지의 생신이다. (5단어)

➡ ....

6 이 수프는 짜지만 맛있다. (6단어)

➡ ....

7 그 도서관은 9시 정각에 문을 연다. (6단어)

➡ ....

8 그의 연설은 지루하다. (4단어)

➡ ....

9 너의 손을 비누로 씻어라. (5단어)

➡ ....

10 우리는 칼로 고기를 자른다. (6단어)

➡ ....

🎓 **Making Sentences**

A 다음 우리말 뜻과 같도록 주어진 단어들을 바르게 배열하세요.

1 오늘은 밝고 화창하다. (sunny / it / and / today / is / bright)

➡ ....

2 나의 새 신발은 편하지 않다. (my / not / new / are / comfortable / shoes)

➡ ....

3 John은 그의 이름을 읽고 쓸 수 있니? (name / can / write / read / and / his / John)

➡ ....

4 나는 샐러드에 있는 양파를 좋아하지 않는다. (the / in / do / like / salad / not / I / onions)

➡ ....

5 내가 이 소파를 옮기는 것을 도와주겠니? (me / this / can / carry / you / sofa / help)

➡ ....

6 사과는 둥근 모양을 하고 있다. (a / shape / apple / an / round / has)

➡ ....

7 그들은 그녀의 온화한 미소를 사랑한다. (smile / her / love / mild / they)

➡ ....

8 우리 젖은 수건을 세탁하자. (the / let's / towels / wash / wet)

➡ ....

9 나의 어머니는 수요일마다 신선한 빵을 산다.
(bread / Wednesdays / fresh / my / mother / buys / on)

➡ ....

10 나는 나의 할머니에게 꽃들과 선물을 보낸다.
(grandma / and / send / to / flowers / gift / I / a / my)

➡ ....

B 다음 제시된 단어 수에 맞게 우리말을 영작하세요. (단 조건이 있는 경우, 그것을 만족시킬 것)

1 John은 그의 이름을 읽고 쓸 수 있니? (7단어)

➡ ....

2 그는 찰흙으로 자동차를 만들 수 있다. (7단어)

➡ ....

3 그 남자는 서점에서 일한다. (6단어)

➡ ....

4 우리 젖은 수건을 세탁하자. (5단어)

➡ ....

5 나의 새 신발은 편하지 않다. (6단어)

➡ ....

6 그 노인은 피곤하고 졸리다. (7단어)

➡ ....

7 그 여왕은 우아하고 매력적이다. (6단어)

➡ ....

8 나는 나의 할머니에게 꽃들과 선물을 보낸다. (9단어)

➡ ....

9 내가 이 소파를 옮기는 것을 도와주겠니? (7단어) (can을 포함할 것)

➡ ....

10 나의 어머니는 수요일마다 신선한 빵을 산다. (7단어)

➡ ....

A 다음 우리말 뜻과 같도록 주어진 단어들을 바르게 배열하세요.

1 나는 매일 아침 학교에 걸어서 간다. (to / morning / walk / every / school / I)

➡ ....

2 그 소녀는 기뻐서 춤을 춘다. (girl / the / with / dances / joy)

➡ ....

3 일 년에는 네 개의 계절이 있다. (there / four / a / are / year / seasons / in)

➡ ....

4 나의 누나는 좋지 않은 습관 하나를 가지고 있다. (bad / my / has / habit / sister / a)

➡ ....

5 나는 관현악단에서 플루트를 연주한다. (flute / the / I / in / play / orchestra / the)

➡ ....

6 내가 가장 좋아하는 색깔은 짙은 갈색이다. (dark / my / brown / color / is / favorite)

➡ ....

7 전화 잘못 거셨어요. (number / have / you / the / wrong)

➡ ....

8 나의 우산을 함께 쓰자. (umbrella / let's / my / share)

➡ ....

9 나는 그와 말하고 싶지 않다. (him / want / I / do / not / to / to / talk)

➡ ....

10 그 정원은 다채로운 꽃들로 가득 차 있다. (is / the / full / garden / colorful / flowers / of)

➡ ....

B 다음 제시된 단어 수에 맞게 우리말을 영작하세요. (단 조건이 있는 경우, 그것을 만족시킬 것)

1 나는 또 다른 계획을 가지고 있다. `4단어`

➡ ....

2 일 년에는 네 개의 계절이 있다. `7단어`

➡ ....

3 나는 매일 아침 학교에 걸어서 간다. `6단어`

➡ ....

4 그 정원은 다채로운 꽃들로 가득 차 있다. `7단어`

➡ ....

5 나는 그와 말하고 싶지 않다. `8단어`

➡ ....

6 나의 우산을 함께 쓰자. `4단어`

➡ ....

7 그들은 검은 커튼들을 닫는다. `5단어`

➡ ....

8 전화 잘못 거셨어요. `5단어`

➡ ....

9 내가 가장 좋아하는 색깔은 짙은 갈색이다. `6단어`

➡ ....

10 나의 할아버지는 웅장한 집에 산다. `7단어`

➡ ....

A 다음 우리말 뜻과 같도록 주어진 단어들을 바르게 배열하세요.

1 기름은 물 위에 뜬다. (on / oil / water / floats)

➡ ....

2 그녀는 학교에서 영어를 배운다. (at / learns / she / English / school)

➡ ....

3 너는 양념이 강한 음식을 즐기니? (food / you / spicy / do / enjoy)

➡ ....

4 많은 학생들이 테니스 동아리에 가입한다. (tennis / the / many / club / students / join)

➡ ....

5 Matt는 그의 아내에게 몹시 화가 났다. (wife / Matt / at / is / mad / his)

➡ ....

6 내가 너의 교과서를 빌릴 수 있을까? (borrow / can / textbook / I / your)

➡ ....

7 우리는 숲에서 좋은 기분이 든다. (the / we / forest / feel / in / good)

➡ ....

8 그것은 아주 좋은 계획처럼 들린다. (sounds / it / great / plan / a / like)

➡ ....

9 이번 주말에 서울에 비가 올까? (it / this / will / weekend / rain / in / Seoul)

➡ ....

10 우리는 포크로 스파게티를 먹는다. (with / a / eat / spaghetti / we / fork)

➡ ....

B 다음 제시된 단어 수에 맞게 우리말을 영작하세요. (단 조건이 있는 경우, 그것을 만족시킬 것)

1 서둘러! 우리 늦었어. `4단어`

➡ ....

2 나의 할머니는 건강해 보인다. `4단어`

➡ ....

3 Matt는 그의 아내에게 화가 났다. `6단어` (mad 포함할 것)

➡ ....

4 아홉 번째 문장을 읽어라. `4단어`

➡ ....

5 많은 학생들이 테니스 동아리에 가입한다. `6단어`

➡ ....

6 너는 양념이 강한 음식을 즐기니? `5단어`

➡ ....

7 나는 그가 영리하다고 생각한다. `5단어`

➡ ....

8 우리는 숲에서 좋은 기분이 든다. `6단어`

➡ ....

9 내가 너의 교과서를 빌릴 수 있을까? `5단어` (can을 포함할 것)

➡ ....

10 그녀는 학교에서 영어를 배운다. `5단어`

➡ ....

A 다음 우리말 뜻과 같도록 주어진 단어들을 바르게 배열하세요.

1 너는 내 옆에 앉아도 된다. (sit / me / you / can / beside)

→ ....

2 많은 사람들이 같은 성(性)을 가지고 있다.
(family / many / the / name / have / same / people)

→ ....

3 그 소년들은 그들의 침실을 매일 청소한다. (their / every / boys / the / bedroom / day / clean)

→ ....

4 얼음 위에서 스케이트를 타자. (ice / skate / the / on / let's)

→ ....

5 나는 부엌에서 요리를 만들고 있다. (the / am / I / in / making / kitchen / dishes)

→ ....

6 그의 팀이 금메달을 얻게 될 것이다. (his / win / will / the / medal / team / gold)

→ ....

7 그들은 호수 안으로 뛰어든다. (the / dive / they / lake / into)

→ ....

8 그 책에 나오는 마녀는 못생겼다. (in / the / the / witch / ugly / book / is)

→ ....

9 나는 지금 너의 도움이 필요하지 않다. (your / I / do / now / need / not / help)

→ ....

10 나는 직장에서 청바지를 입을 수 없다. (can't / work / wear / I / at / jeans)

→ ....

B 다음 제시된 단어 수에 맞게 우리말을 영작하세요. (단 조건이 있는 경우, 그것을 만족시킬 것)

1 그 가수는 예쁜 목소리를 가지고 있다. 〔6단어〕

➡ ....

2 그 장미들을 꺾지 마라. 〔5단어〕

➡ ....

3 나는 지금 너의 도움이 필요하지 않다. 〔7단어〕

➡ ....

4 나는 직장에서 청바지를 입을 수 없다. 〔6단어〕

➡ ....

5 그들은 왜 지금 소리치고 있니? 〔5단어〕

➡ ....

6 많은 사람들이 같은 성(姓)을 가지고 있다. 〔7단어〕

➡ ....

7 우리는 단지 친구 사이일 뿐이다. 〔4단어〕

➡ ....

8 그의 팀이 금메달을 얻게 될 것이다. 〔7단어〕

➡ ....

9 그 소년들은 그들의 침실을 매일 청소한다. 〔7단어〕

➡ ....

10 나는 부엌에서 요리를 만들고 있다. 〔7단어〕

➡ ....

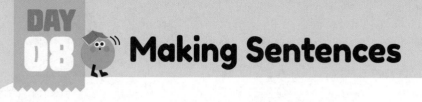

DAY 08 Making Sentences

A 다음 우리말 뜻과 같도록 주어진 단어들을 바르게 배열하세요.

1 너는 자연 속에서 휴식을 취할 수 있다. (in / can / nature / you / relax)

→ ....

2 그 노부인은 창백해 보인다. (looks / old / the / pale / lady)

→ ....

3 수학은 나에게 어렵다. (for / math / is / me / difficult)

→ ....

4 바나나와 사과처럼 건강에 좋은 음식들을 먹어라.
(like / healthy / and / apples / foods / bananas / eat)

→ ....

5 너는 점심 식사 후에 낮잠을 자니? (take / lunch / do / a / you / nap / after)

→ ....

6 나는 오늘 이 라디오를 고칠 것이다. (will / I / today / fix / radio / this)

→ ....

7 그 아기는 그의 물건들을 만진다. (baby / things / touches / his / the)

→ ....

8 너는 얼마나 빨리 너의 차를 운전할 수 있니? (you / fast / drive / how / car / can / your)

→ ....

9 나는 우리가 그 퍼레이드를 볼 수 있기를 희망한다. (we / the / parade / can / I / see / hope)

→ ....

10 나는 네가 무사해서 기쁘다. (safe / glad / you / I / are / am)

→ ....

B 다음 제시된 단어 수에 맞게 우리말을 영작하세요. (단 조건이 있는 경우, 그것을 만족시킬 것)

1 그 소녀들은 배고프고 목마르다. `6단어`

→ ....

2 너는 점심 식사 후에 낮잠을 자니? `7단어`

→ ....

3 나는 그의 이름이 기억나지 않는다. `6단어`

→ ....

4 나는 네가 무사해서 기쁘다. `6단어`

→ ....

5 그녀는 짧은 곱슬머리를 하고 있다. `5단어`

→ ....

6 Clara는 그 모둠의 구성원이다. `7단어`

→ ....

7 수학은 나에게 어렵다. `5단어`

→ ....

8 그 노부인은 창백해 보인다. `5단어`

→ ....

9 너는 얼마나 빨리 너의 차를 운전할 수 있니? `7단어`

→ ....

10 바나나와 사과처럼 건강에 좋은 음식들을 먹어라. `7단어`

→ ....

A 다음 우리말 뜻과 같도록 주어진 단어들을 바르게 배열하세요.

1 그는 그 공 위에 선을 하나 그린다. (a / he / on / draws / ball / the / line)

➡ ....

2 나는 그를 한 달 전에 봤다. (ago / him / I / saw / month / a)

➡ ....

3 나는 건물에 그 포스터를 붙인다. (the / paste / the / I / building / on / poster)

➡ ....

4 그 소녀는 5학년이다. (the / fifth / is / girl / grade / the / in)

➡ ....

5 그 나라는 긴 역사를 가지고 있다. (long / country / a / the / has / history)

➡ ....

6 가을에는 꽃에 물을 주어라. (autumn / water / in / flower / the)

➡ ....

7 한국의 최초의 우주 비행사는 여성이었다. (woman / first / a / Korea's / was / astronaut)

➡ ....

8 나는 식료품 가게에서 약간의 우유를 산다. (at / store / buy / I / the / some / grocery / milk)

➡ ....

9 고양이들은 미국에서 인기 있는 애완동물이다. (in / cats / popular / America / are / pets)

➡ ....

10 우리는 충분한 약을 가지고 있지 않다. (have / not / enough / we / do / medicine)

➡ ....

B 다음 제시된 단어 수에 맞게 우리말을 영작하세요. (단 조건이 있는 경우, 그것을 만족시킬 것)

1 그 소녀는 5학년이다. `7단어`

➡ ....

2 그 나라는 긴 역사를 가지고 있다. `6단어`

➡ ....

3 노란색은 밝고 따뜻한 색깔이다. `7단어`

➡ ....

4 탁자 위에 있는 버튼을 눌러라. `6단어`

➡ ....

5 그들은 샌드위치 하나와 샐러드 하나를 주문한다. `7단어`

➡ ....

6 나는 건물에 그 포스터를 붙인다. `7단어`

➡ ....

7 그는 그 공 위에 선을 하나 그린다. `7단어`

➡ ....

8 우리는 충분한 약을 가지고 있지 않다. `6단어`

➡ ....

9 나는 식료품 가게에서 약간의 우유를 산다. `8단어`

➡ ....

10 고양이들은 미국에서 인기 있는 애완동물이다. `6단어`

➡ ....

Making Sentences

A 다음 우리말 뜻과 같도록 주어진 단어들을 바르게 배열하세요.

1 이 커피는 쓴맛을 가지고 있다. (a / has / taste / this / bitter / coffee)

→ ....

2 토양 속 뿌리들의 길이가 길다. (long / soil / roots / the / in / are / the)

→ ....

3 그 호텔 직원은 매우 도움이 된다. (very / staff / is / the / helpful / hotel)

→ ....

4 나는 오늘부터 열심히 공부할 것이다. (today / study / I / from / will / hard)

→ ....

5 그 개들이 계단 위로 달려간다. (up / the / run / the / dogs / stairs)

→ ....

6 한국인들은 매일 젓가락을 사용한다. (use / day / Koreans / every / chopsticks)

→ ....

7 그 어린 소년은 프랑스어를 말할 수 있다. (can / the / boy / speak / little / French)

→ ....

8 해가 구름 뒤로 간다. (a / goes / sun / the / cloud / behind)

→ ....

9 이 정글에서 사자들 또한 위험에 처해있다. (in / this / also / danger / lions / are / jungle / in)

→ ....

10 Amy는 큰 소리로 그녀의 이름의 철자를 말할 수 있다. (name / spell / aloud / her / Amy / can)

→ ....

B 다음 제시된 단어 수에 맞게 우리말을 영작하세요. (단 조건이 있는 경우, 그것을 만족시킬 것)

1 나는 오늘부터 열심히 공부할 것이다. 6단어

→ ....

2 나는 매일 아침 오렌지 주스를 마신다. 6단어

→ ....

3 그는 특별한 카메라를 발명할 것이다. 6단어

→ ....

4 그 탁자를 양탄자 위에 놓아라. 6단어

→ ....

5 한국 사람들은 매일 젓가락을 사용한다. 5단어

→ ....

6 그 개들이 계단 위로 달려간다. 6단어

→ ....

7 해가 구름 뒤로 간다. 6단어

→ ....

8 이 정글에서 사자들 또한 위험에 처해있다. 8단어

→ ....

9 Amy는 큰 소리로 그녀의 이름의 철자를 말할 수 있다. 6단어

→ ....

10 그 어린 소년은 프랑스어를 말할 수 있다. 6단어

→ ....

A 다음 우리말 뜻과 같도록 주어진 단어들을 바르게 배열하세요.

1 나의 이모는 똑똑하고 너그럽다. (and / aunt / generous / my / is / smart)

➡ ....

2 그는 한국에서 직장을 구할 수 있다. (get / can / a / Korea / in / he / job)

➡ ....

3 나는 이런 종류의 이야기를 좋아한다. (story / this / I / of / like / type)

➡ ....

4 나는 그가 그 경주에서 이길 수 있다고 믿는다. (win / he / I / the / believe / race / can)

➡ ....

5 그 수프에 약간의 소금을 더해라. (soup / to / some / the / add / salt)

➡ ....

6 거실에서 휴식을 취하자. (in / rest / let's / the / take / a / room / living)

➡ ....

7 나는 그의 집에서 나는 소음을 들을 수 있다. (his / from / hear / I / house / can / noise)

➡ ....

8 내가 지금 내 메시지를 확인할게. (check / now / will / I / message / my)

➡ ....

9 그 말은 경주로 주위를 달리고 있다. (track / is / the / around / the / running / horse)

➡ ....

10 이 비스킷은 달콤한 냄새를 가지고 있다[냄새가 난다]. (smell / a / biscuit / sweet / has / this)

➡ ....

B 다음 제시된 단어 수에 맞게 우리말을 영작하세요. (단 조건이 있는 경우, 그것을 만족시킬 것)

1 당신의 차례를 기다려주세요. 4단어

→

....

2 너의 아들에 대해서 걱정하지 마라. 6단어

→

....

3 나는 그의 집에서 나는 소음을 들을 수 있다. 7단어

→

....

4 그는 한국에서 직장을 구할 수 있다. 7단어

→

....

5 이 배터리를 충전하세요. 4단어

→

....

6 이것은 우리에게 큰 기회이다. 7단어

→

....

7 나는 그가 그 경주에서 이길 수 있다고 믿는다. 7단어

→

....

8 그 수프에 약간의 소금을 더해라. 6단어 (some 포함할 것)

→

....

9 거실에서 휴식을 취하자. 8단어

→

....

10 내가 지금 내 메시지를 확인할게. 6단어

→

....

Making Sentences

A 다음 우리말 뜻과 같도록 주어진 단어들을 바르게 배열하세요.

1 얼룩말들은 혼자 잘 수 없다. (alone / can't / zebras / sleep)

→ ....

2 나는 유럽을 여행할 것이다. (Europe / travel / I / will / around)

→ ....

3 그들은 매일 바이올린을 연습한다. (the / day / practice / they / violin / every)

→ ....

4 당신의 친절한 도움에 감사드립니다. (help / your / thank / for / kind / you)

→ ....

5 나는 이번 해에 기타 수업을 받을 것이다. (year / guitar / will / this / I / take / lessons)

→ ....

6 그는 내 농담에 웃지 않는다. (at / not / he / jokes / does / my / laugh)

→ ....

7 그의 사무실은 1층에 있다. (floor / is / the / his / first / office / on)

→ ....

8 우리는 당신이 우리의 파티에 오신 것을 환영합니다. (party / welcome / to / our / we / you)

→ ....

9 그들은 그들의 아이들을 위해 돈을 저축한다. (for / they / kids / save / money / their)

→ ....

10 그 이기적인 소년은 친구가 거의 없다. (friends / boy / the / has / selfish / few)

→ ....

B 다음 제시된 단어 수에 맞게 우리말을 영작하세요. (단 조건이 있는 경우, 그것을 만족시킬 것)

1 나는 유럽을 여행할 것이다. 5단어

➡ ....

2 그들은 그들의 아이들을 위해 돈을 저축한다. 6단어

➡ ....

3 그의 사무실은 1층에 있다. 7단어

➡ ....

4 그는 내 농담에 웃지 않는다. 7단어

➡ ....

5 체육관에 테니스 코트가 하나 있다. 8단어

➡ ....

6 그 이기적인 소년은 친구가 거의 없다. 6단어

➡ ....

7 나의 언니는 일본어를 이해할 수 있다. 5단어

➡ ....

8 그는 지난주에 한국에 갔다. 6단어

➡ ....

9 그들은 매일 바이올린을 연습한다. 6단어

➡ ....

10 그들이 나의 미래를 결정할 수 없다. 5단어

➡ ....

🎓 Making Sentences

A 다음 우리말 뜻과 같도록 주어진 단어들을 바르게 배열하세요.

1 그 남자는 그 두꺼운 얼음을 깬다. (ice / the / breaks / man / thick / the)

➡ ....

2 그 램프는 밑받침이 무겁다. (a / base / lamp / heavy / the / has)

➡ ....

3 이 선(보다) 아래를 보세요. (this / see / please / below / line)

➡ ....

4 오늘 많은 비가 내릴 것이다. (today / rain / will / heavy / fall)

➡ ....

5 너의 새로운 아이디어에 대해 말해주겠니? (about / idea / you / tell / can / me / new / your)

➡ ....

6 그는 2년 전에 그 카페를 디자인했다. (ago / designed / years / he / cafe / 2 / the)

➡ ....

7 첫 수업은 9시에 시작한다. (class / at / first / begins / the / 9)

➡ ....

8 그들은 그 우주선 둘레에 벽을 세운다. (build / the / they / spaceship / a / wall / around)

➡ ....

9 그 화가는 연필로 선들을 그린다. (pencil / draws / artist / a / lines / the / with)

➡ ....

10 그 종이를 하트 모양으로 잘라라. (shape / the / cut / a / paper / heart / in)

➡ ....

B 다음 제시된 단어 수에 맞게 우리말을 영작하세요. (단 조건이 있는 경우, 그것을 만족시킬 것)

1 많은 사람들이 집에서 영화를 본다. `6단어`

→ ....

2 너의 손가락으로 원을 하나 그려라. `6단어`

→ ....

3 그 밴드가 공원에서 공연하고 있다. `7단어`

→ ....

4 그들은 언덕 위에 탑을 짓는다. `7단어`

→ ....

5 첫 수업은 9시에 시작한다. `6단어`

→ ....

6 그는 2년 전에 그 카페를 디자인했다. `7단어`

→ ....

7 그 남자는 그 두꺼운 얼음을 깬다. `6단어`

→ ....

8 그 종이를 하트 모양으로 잘라라. `7단어`

→ ....

9 그 화가는 연필로 선들을 그린다. `7단어`

→ ....

10 나에게 너의 새로운 아이디어에 대해 말해주겠니? `8단어` (can을 포함할 것)

→ ....

DAY 14 Making Sentences

A 다음 우리말 뜻과 같도록 주어진 단어들을 바르게 배열하세요.

1 봄에 그 씨앗은 장미가 된다. (the / rose / in / becomes / spring / seed / a)

➡ ....

2 나의 할머니는 나를 꼭 안아 주신다. (me / gives / my / hug / grandma / a / big)

➡ ....

3 달은 지구의 위성이다. (of / a / moon / the / earth / satellite / is / the)

➡ ....

4 그들은 Tom의 결혼을 축하한다. (his / Tom / congratulate / wedding / they / on)

➡ ....

5 나의 남동생은 어른처럼 행동한다. (adult / an / brother / acts / my / like)

➡ ....

6 그 건물은 광장을 마주하고 있다. (the / building / square / faces / the)

➡ ....

7 우리는 우주에서 식량을 키울 수 있다. (food / in / we / grow / can / space)

➡ ....

8 나는 그것에 대해 아무것도 모른다. (nothing / know / it / I / about)

➡ ....

9 우리 모두는 빨간색 신호등에서 멈춘다. (lights / stop / all / traffic / at / we / red)

➡ ....

10 너는 너의 과제를 언제 끝낼 거니? (your / will / finish / project / when / you)

➡ ....

B 다음 제시된 단어 수에 맞게 우리말을 영작하세요. (단 조건이 있는 경우, 그것을 만족시킬 것)

1 너의 몸을 왼쪽으로 구부려라. 6단어

→ ....

2 교차로에서 조심해라. 5단어

→ ....

3 달은 지구의 위성이다. 8단어

→ ....

4 나의 삼촌은 초콜릿 공장에서 일하신다. 7단어

→ ....

5 나는 그것에 대해 아무것도 모른다. 5단어

→ ....

6 나의 남동생은 어른처럼 행동한다. 6단어

→ ....

7 너는 너의 과제를 언제 끝낼 거니? 6단어

→ ....

8 그 건물은 광장을 마주하고 있다. 5단어

→ ....

9 우리는 우주에서 식량을 키울 수 있다. 6단어

→ ....

10 너 무슨 일 있니? 6단어

→ ....

Making Sentences

A 다음 우리말 뜻과 같도록 주어진 단어들을 바르게 배열하세요.

1 나는 이것을 현금으로 지불할 것이다. (cash / pay / I / this / will / for / in)

➡ ....

2 둘 다 훌륭한 영화이다. (movies / both / excellent / are)

➡ ....

3 벌 한 마리가 내 머리 위를 날고 있다. (my / flying / a / bee / head / is / over)

➡ ....

4 우리는 개울에서 즐거운 시간을 보낸다. (stream / the / a / we / time / have / fun / in)

➡ ....

5 그 상자의 내부는 빨간색이다. (red / of / the / case / inside / the / is)

➡ ....

6 그 다리는 강 위를 가로지른다. (over / bridge / river / the / crosses / the)

➡ ....

7 나는 그가 현명해서 그를 좋아한다. (because / like / wise / I / is / he / him)

➡ ....

8 그 영화는 삶과 죽음에 대한 것이다. (and / about / movie / death / the / is / life)

➡ ....

9 다리 아래로 개울이 흐른다. (the / flows / under / a / bridge / stream)

➡ ....

10 나는 오늘 나의 아버지의 회사를 방문할 것이다.
(father's / I / my / today / visit / company / will)

➡ ....

B 다음 제시된 단어 수에 맞게 우리말을 영작하세요. (단 조건이 있는 경우, 그것을 만족시킬 것)

1 그들은 책상 위에서 지우개를 굴린다. (7단어)

→
....

2 조종사는 비행기를 제어할 수 있다. (6단어)

→
....

3 벌 한 마리가 내 머리 위를 날고 있다. (7단어)

→
....

4 그 가게는 신선한 과일을 판다. (5단어) (shop을 포함할 것)

→
....

5 다리 아래로 개울이 흐른다. (6단어)

→
....

6 나는 이것을 현금으로 지불할 것이다. (7단어)

→
....

7 우리는 개울에서 즐거운 시간을 보낸다. (8단어) (a fun time을 포함할 것)

→
....

8 너는 우체국에서 우표들을 살 수 있다. (8단어)

→
....

9 나는 오늘 나의 아버지의 회사를 방문할 것이다. (7단어)

→
....

10 그 다리는 강 위를 가로지른다. (6단어)

→
....

Making Sentences

A 다음 우리말 뜻과 같도록 주어진 단어들을 바르게 배열하세요.

1 그들은 우체국을 향해 가리킨다. (post / toward / they / office / point / the)

➡ ....

2 그녀는 크리스마스 날에 칠면조를 요리할 것이다.
(a / on / will / Christmas / she / cook / day / turkey)

➡ ....

3 표는 10달러이다. (10 / ticket / dollars / a / costs)

➡ ....

4 너는 가족 여행갈 준비가 되었니? (for / ready / trip / you / are / the / family)

➡ ....

5 우리는 곧 저 길로 갈 것이다. (that / soon / will / go / way / we)

➡ ....

6 나의 부모님은 나의 건강에 대해 신경을 쓰신다. (care / my / about / my / health / parents)

➡ ....

7 그 사전은 단어들로 가득 차 있다. (full / words / dictionary / the / of / is)

➡ ....

8 그 남자는 낮은 속도로 운전하고 있다. (low / man / driving / is / a / at / speed / the)

➡ ....

9 바람이 서쪽에서 불어오고 있다. (west / is / the / blowing / wind / from / the)

➡ ....

10 나는 여러분에게 한국 문화를 소개할 것이다. (to / introduce / will / culture / you / I / Korean)

➡ ....

B 다음 제시된 단어 수에 맞게 우리말을 영작하세요. (단 조건이 있는 경우, 그것을 만족시킬 것)

1 깊은 물 가까이에서 놀지 마라. `7단어`

➡ ....

2 너는 가족 여행갈 준비가 되었니? `7단어`

➡ ....

3 그녀는 그녀의 여행에서 집으로 돌아왔다. `6단어`

➡ ....

4 나는 여러분에게 한국 문화를 소개할 것이다. `7단어`

➡ ....

5 표는 10달러이다. `5단어`

➡ ....

6 그 남자는 낮은 속도로 운전하고 있다. `8단어`

➡ ....

7 그 사전은 단어들로 가득 차 있다. `6단어`

➡ ....

8 바람이 서쪽에서 불어오고 있다. `7단어`

➡ ....

9 나는 아침 식사 후에 신문을 읽는다. `6단어`

➡ ....

10 우리는 동물원에서 분홍색 돌고래를 볼 수 있다. `9단어` (in을 포함할 것)

➡ ....

A 다음 우리말 뜻과 같도록 주어진 단어들을 바르게 배열하세요.

1 나는 나의 숙제에 집중할 수 없다. (my / focus / I / homework / can't / on)

➡ ....

2 나의 사촌과 나는 같은 나이이다. (the / cousin / I / same / my / and / age / are)

➡ ....

3 모든 식물은 빛과 물을 필요로 한다. (and / need / water / all / light / plants)

➡ ....

4 우리는 그 캠페인에 적극적이다. (active / in / we / campaign / are / the)

➡ ....

5 그 나무들은 겨울을 위한 에너지를 보존한다. (the / save / trees / winter / energy / for)

➡ ....

6 세계에서 최고의 음식은 무엇인가요? (world / best / is / the / what / the / food / in)

➡ ....

6 그는 코트 위에 공을 한 번 튀긴다. (the / he / court / ball / the / once / bounces / on)

➡ ....

8 그녀는 그 공책에서 한 페이지를 찢어낸다. (a / notebook / she / the / tears / page / from)

➡ ....

9 나의 가족은 내년에 해외에 갈 것이다. (abroad / family / next / my / will / year / go)

➡ ....

10 그 비행기는 한 작은 섬에 착륙한다. (a / small / lands / the / on / island / airplane)

➡ ....

B 다음 제시된 단어 수에 맞게 우리말을 영작하세요. (단 조건이 있는 경우, 그것을 만족시킬 것)

1 나는 절대 (사람들의) 얼굴을 잊지 않는다. `5단어`

→

....

2 풍선은 공중에 뜬다. `6단어`

→

....

3 나의 사촌과 나는 같은 나이이다. `8단어`

→

....

4 그 비행기는 한 작은 섬에 착륙한다. `7단어`

→

....

5 세계에서 최고의 음식은 무엇인가요? `8단어`

→

....

6 모든 식물은 빛과 물을 필요로 한다. `6단어` (all을 포함할 것)

→

....

7 그 은행은 병원에서 멀다. `7단어`

→

....

8 나의 가족은 내년에 해외에 갈 것이다. `7단어`

→

....

9 그녀는 그 공책에서 한 페이지를 찢어낸다. `7단어`

→

....

10 그 나무들은 겨울을 위한 에너지를 보존한다. `6단어`

→

....

A 다음 우리말 뜻과 같도록 주어진 단어들을 바르게 배열하세요.

1 그는 그의 엄마의 전화(통화)를 놓쳤다. (call / he / mother / a / from / missed / his)

➡ ....

2 그 원피스는 나에게 딱 붙는다. (me / is / dress / on / the / tight)

➡ ....

3 아시아에는 몇 개의 국가가 있니? (are / many / in / how / Asia / there / nations)

➡ ....

4 그 트럭들은 좁은 고속도로를 가로지른다. (the / cross / the / highway / trucks / narrow)

➡ ....

5 나는 과학에서 좋은 점수를 얻을 것이다. (in / score / get / will / science / I / good / a)

➡ ....

6 Eva는 그 돈을 그녀의 작은 지갑에 넣는다. (her / the / Eva / purse / money / puts / in)

➡ ....

7 제 커피에 약간의 설탕을 넣어주세요. (some / in / coffee / please / sugar / put / my)

➡ ....

8 지구는 태양으로부터 세 번째의 행성이다.
(sun / the / from / the / earth / is / planet / third / the)

➡ ....

9 몇몇 다 자란 곰들은 나무를 오르지 않는다. (bears / do / trees / some / not / climb / adult)

➡ ....

10 거미는 몸이 두 부분으로 되어 있다. (body / have / their / spiders / parts / two / to)

➡ ....

B 다음 제시된 단어 수에 맞게 우리말을 영작하세요. (단 조건이 있는 경우, 그것을 만족시킬 것)

1 그녀의 아버지는 그녀의 마음을 바꿀 수 없다. `6단어`

➡ ....

2 한 부부가 계산대에 서 있다. `7단어`

➡ ....

3 그 원피스는 나에게 딱 붙는다. `6단어` (on을 포함할 것)

➡ ....

4 나는 과학에서 좋은 점수를 얻을 것이다. `8단어`

➡ ....

5 그는 그의 엄마의 전화(통화)를 놓쳤다. `7단어`

➡ ....

6 지구는 태양으로부터 세 번째의 행성이다. `9단어`

➡ ....

7 그 소년들은 잔디밭에서 축구한다. `7단어` (on을 포함할 것)

➡ ....

8 거미는 몸이 두 부분으로 되어 있다. `7단어` (to를 포함할 것)

➡ ....

9 나는 그가 다시 올 것이라고 확신한다. `7단어` (certain을 포함할 것)

➡ ....

10 아시아에는 몇 개의 국가가 있니? `7단어` (nation을 포함할 것)

➡ ....

A 다음 우리말 뜻과 같도록 주어진 단어들을 바르게 배열하세요.

1 그는 태어날 때부터 몸이 약했다. (birth / from / he / was / weak)

→ ....

2 구름들이 지구에 있는 열기를 지킨다. (the / on / keep / the / clouds / heat / earth)

→ ....

3 그 소년은 그 방망이로 그 공을 칠 수 있다. (the / can / ball / with / boy / hit / bat / the / the)

→ ....

4 열이 심해질 수 있다. (can / serious / fever / become / the)

→ ....

5 White 씨는 그의 트럭을 진흙탕에 주차했다. (in / parked / Mr. White / mud / his / the / truck)

→ ....

6 저 산의 계곡은 매우 크다. (large / valley / that / mountain / is / very)

→ ....

7 저에게 저 노란 모자를 보여주시겠어요? (cap / me / you / show / yellow / that / can)

→ ....

8 동물원에 있는 동물들에게 먹이를 주지 마시오. (zoo / animals / not / do / in / the / feed / the)

→ ....

9 미국은 멕시코의 북쪽에 있다. (the / Mexico / America / north / is / to / of)

→ ....

10 그는 보통 건물들을 흰색으로 칠한다. (white / usually / he / buildings / paints)

→ ....

B 다음 제시된 단어 수에 맞게 우리말을 영작하세요. (단 조건이 있는 경우, 그것을 만족시킬 것)

1 해 지기 전에 돌아와라. `4단어`

➡ ....

2 열이 심해질 수 있다. `5단어` (become을 포함할 것)

➡ ....

3 오늘 파도가 높지 않다. `6단어`

➡ ....

4 저 산의 계곡은 매우 크다. `6단어` (large를 포함할 것)

➡ ....

5 뜨거운 물로 그릇을 씻어라. `6단어`

➡ ....

6 구름들이 지구에 있는 열기를 지킨다. `7단어`

➡ ....

7 그 소년은 그 방망이로 그 공을 칠 수 있다. `9단어`

➡ ....

8 날카로운 칼로 그 채소들을 잘라라. `7단어`

➡ ....

9 동물원에 있는 동물들에게 먹이를 주지 마시오. `8단어`

➡ ....

10 저에게 저 노란 모자를 보여주시겠어요? `7단어` (cap을 포함할 것)

➡ ....

A 다음 우리말 뜻과 같도록 주어진 단어들을 바르게 배열하세요.

1 그들은 그 소식에 놀랐다. (news / were / at / they / surprised / the)

→ ....

2 나는 하루에 세 번 이를 닦는다. (teeth / a / three / brush / day / I / times / my)

→ ....

3 거위 한 마리가 들판 위를 날고 있다. (above / is / the / goose / flying / field / a)

→ ....

4 나는 큰 경기를 앞두고 긴장감을 느낀다. (a / nervous / I / match / feel / before / big)

→ ....

5 음악은 그 영화의 중요한 부분이다. (part / of / an / is / the / music / film / important)

→ ....

6 나의 이모는 나에게 그녀의 사진을 보여준다. (her / shows / aunt / photos / me / my)

→ ....

7 각각의 게스트는 그 쇼를 즐길 수 있다. (can / each / show / enjoy / guest / the)

→ ....

8 우리는 그의 소풍 계획에 대해 확신한다. (picnic / sure / we / plan / are / about / his)

→ ....

9 그 화살표는 동쪽을 가리킨다. (east / arrow / the / the / points / to)

→ ....

10 하지만, 그 작가는 절대 컴퓨터를 사용하지 않는다.
(never / the / however / computers / uses / writer)

→ ....

B 다음 제시된 단어 수에 맞게 우리말을 영작하세요. (단 조건이 있는 경우, 그것을 만족시킬 것)

1 너는 얼마나 자주 운동하니? 5단어

➡ ....

2 음악은 그 영화의 중요한 부분이다. 8단어 (film을 포함할 것)

➡ ....

3 나의 아버지는 낚시를 매우 좋아하신다. 7단어 (fond를 포함할 것)

➡ ....

4 그들은 그 소식에 놀랐다. 6단어

➡ ....

5 각각의 게스트는 그 쇼를 즐길 수 있다. 6단어

➡ ....

6 나는 하루에 세 번 이를 닦는다. 8단어

➡ ....

7 하지만, 그 작가는 절대 컴퓨터를 사용하지 않는다. 6단어 (however, writer를 포함할 것)

➡ ....

8 인간들은 몇 개의 뼈를 가지고 있나요? 6단어

➡ ....

9 우리는 그의 소풍 계획에 대해 확신한다. 7단어 (sure를 포함할 것)

➡ ....

10 그는 그 선글라스를 바닥에 떨어뜨리지 않았다. 9단어

➡ ....

Making Sentences

A 다음 우리말 뜻과 같도록 주어진 단어들을 바르게 배열하세요.

1 그 아이는 Joe와 Tom 사이에 선다. (between / and / the / Joe / stands / kid / Tom)

→ ....

2 그 호텔은 세탁 서비스를 제공한다. (has / service / the / laundry / a / hotel)

→ ....

3 Brad는 그 동전을 강 속으로 던진다. (river / into / throws / the / Brad / the / coin)

→ ....

4 그 아이들은 횡단보도에서 길을 건넌다. (street / kids / crosswalk / the / at / the / cross / the)

→ ....

5 내 셔츠에 있는 단추 하나가 느슨해졌다. (shirt / loose / button / a / on / became / my)

→ ....

6 그 무례한 고객이 그를 화나게 만든다. (angry / customer / the / him / rude / makes)

→ ....

7 이 세 개의 넥타이 중에서 하나를 골라라. (ties / among / choose / three / one / these)

→ ....

8 일기예보에서 내일 비가 올 것이라고 한다. (says / rain / will / the / tomorrow / forecast / it)

→ ....

9 나는 여름방학 동안 영어를 공부할 것이다. (during / study / vacation / will / summer / English / I)

→ ....

10 나는 일요일에 야외 시장에 갈 것이다.
(market / to / I / Sunday / will / go / outdoor / the / on)

→ ....

B 다음 제시된 단어 수에 맞게 우리말을 영작하세요. (단 조건이 있는 경우, 그것을 만족시킬 것)

1 나의 취미는 음악 감상이다. `6단어`

➡ ....

2 나는 3일 동안 바빴다. `6단어`

➡ ....

3 그 아이들은 횡단보도에서 길을 건넌다. `8단어` (kids를 포함할 것)

➡ ....

4 나는 나의 실내 정원에서 감자들을 키운다. `7단어`

➡ ....

5 나는 그녀의 감정을 다치게 하고 싶지 않다. `8단어`

➡ ....

6 Brad는 그 동전을 강 속으로 던진다. `7단어`

➡ ....

7 이 세 개의 넥타이 중에서 하나를 골라라. `6단어`

➡ ....

8 내 셔츠에 있는 단추 하나가 느슨해졌다. `7단어`

➡ ....

9 나는 여름방학 동안 영어를 공부할 것이다. `7단어`

➡ ....

10 그 아이는 Joe와 Tom 사이에 선다. `7단어` (kid를 포함할 것)

➡ ....

A 다음 우리말 뜻과 같도록 주어진 단어들을 바르게 배열하세요.

1 그 아이는 토끼처럼 깡충깡충 뛴다. (a / like / child / rabbit / the / hops)

➡ ....

2 그 숙녀는 그녀의 용감한 아들을 자랑스러워한다. (proud / son / is / the / of / brave / lady / her)

➡ ....

3 너는 프랑스에서 어디에 머무를 거니? (in / you / will / where / stay / France)

➡ ....

4 번개는 항상 천둥 앞에 온다. (before / comes / lightning / always / thunder)

➡ ....

5 그들의 동네에 맑은 개울이 있다. (their / a / have / clear / stream / they / village / in)

➡ ....

6 교실에서 조용히 하세요. (the / keep / please / classroom / silent / in)

➡ ....

7 그 소녀는 보도에서 그녀의 자전거를 탄다. (the / rides / bike / the / on / sidewalk / girl / her)

➡ ....

8 그 여성은 빠른 걸음으로 걸었다. (quick / with / walked / step / a / woman / the)

➡ ....

9 그녀는 그 승객을 의자로 안내한다. (the / she / guides / the / to / passenger / chair)

➡ ....

10 너는 너희 반 친구들을 그 파티에 초대할 거니?
(party / your / classmates / will / the / you / to / invite)

➡ ....

B 다음 제시된 단어 수에 맞게 우리말을 영작하세요. (단 조건이 있는 경우, 그것을 만족시킬 것)

1 너는 프랑스에서 어디에 머무를 거니? 6단어

➡ ....

2 침착해, 우리는 실패하지 않을 거야. 6단어

➡ ....

3 그 숙녀는 그녀의 용감한 아들을 자랑스러워한다. 8단어

➡ ....

4 그 소녀는 보도에서 그녀의 자전거를 탄다. 8단어

➡ ....

5 그녀는 그 승객을 의자로 안내한다. 7단어

➡ ....

6 너는 너희 반 친구들을 그 파티에 초대할 거니? 8단어

➡ ....

7 번개는 항상 천둥 앞에 온다. 5단어

➡ ....

8 그 여성은 빠른 걸음으로 걸었다. 7단어

➡ ....

9 나의 아버지는 항상 나에게 하루에 두 번 전화하신다. 8단어

➡ ....

10 이 책의 앞쪽에는 고양이 한 마리의 그림이 있다. 13단어 (on, front를 포함할 것)

➡ ....

A 다음 우리말 뜻과 같도록 주어진 단어들을 바르게 배열하세요.

1 그 숙녀는 귀가 들리지 않고 말을 하지 못한다. (is / and / lady / deaf / the / dumb)

→ ....

2 호랑이들은 보통 밤에 사냥한다. (usually / night / tigers / at / hunt)

→ ....

3 너는 다음번에 다시 시도할 수 있다. (try / can / time / you / again / next)

→ ....

4 그 남자는 오늘 밤 파티의 주인이다. (the / host / is / man / tonight / the / of / party / the)

→ ....

5 우리는 지붕이 편평한 집을 살 것이다. (will / flat / house / a / roof / we / with / buy / a)

→ ....

6 그 학교 건너편에 농장이 하나 있니? (across / a / there / school / is / farm / the / from)

→ ....

7 우리는 그의 피아노 공연에 신이 났다. (concert / at / we / are / piano / excited / his)

→ ....

8 Ed는 그의 자동차 안에서 클래식 음악을 듣고 있다.
(to / vehicle / is / music / his / in / Ed / listening / classical)

→ ....

9 진정한 친구는 너에게 정직하다. (with / honest / true / a / you / friend / is)

→ ....

10 그들은 한 박물관에서 전시를 보고 있다.
(museum / are / a / at / a / in / they / display / looking)

→ ....

B 다음 제시된 단어 수에 맞게 우리말을 영작하세요. (단 조건이 있는 경우, 그것을 만족시킬 것)

1 그 학교 건너편에 농장이 하나 있니? 8단어

➡ ....

2 너는 다음번에 다시 시도할 수 있다. 6단어

➡ ....

3 호랑이들은 보통 밤에 사냥한다. 5단어

➡ ....

4 우리는 지붕이 편평한 집을 살 것이다. 9단어

➡ ....

5 우리는 그의 피아노 공연에 신이 났다. 7단어

➡ ....

6 진정한 친구는 너에게 정직하다. 7단어

➡ ....

7 이 딸기 케이크와 저 초콜릿 쿠키들을 먹어봐. 8단어

➡ ....

8 그 축제에서, 사람들은 토마토만을 던질 수 있다. 8단어

➡ ....

9 그의 방에는 몇 개의 값비싼 카메라들이 있다. 8단어 (several를 포함할 것)

➡ ....

10 신호등은 눈이 보이지 않는 사람들을 위한 음향 신호를 가지고 있다. 8단어 (traffic lights, sound를 포함할 것)

➡ ....

A 다음 우리말 뜻과 같도록 주어진 단어들을 바르게 배열하세요.

1 시내에 신발 가게에서 할인 판매가 있다. (the / downtown / a / sale / at / there / is / shoe store)
→ ......

2 그 아이는 그 나쁜 마법사를 두려워한다. (the / is / afraid / wizard / child / of / bad / the)
→ ......

3 그 학교는 그 마을의 중심에 있다. (town / the / of / in / school / the / is / the / center)
→ ......

4 지도 위에 곧은 선을 하나 그려라. (the / straight / draw / map / on / a / line)
→ ......

5 그 영웅은 용에 대항하여 싸운다. (dragon / hero / a / the / fights / against)
→ ......

6 나의 딸은 항상 나의 의견에 동의한다. (with / always / daughter / me / agrees / my)
→ ......

7 나의 컵의 밑바닥 부분에 모래가 있다. (sand / cup / there / is / bottom / of / my / at / the)
→ ......

8 내 손은 수박 주스로 끈적거린다. (watermelon / my / are / juice / sticky / hands / with)
→ ......

9 그는 커다란 나무의 그늘에 서 있다.
(the / huge / the / he / in / tree / shade / standing / is / of)
→ ......

10 우리는 핼러윈 파티를 위해 호박들을 몇 개 산다.
(party / for / buy / the / we / pumpkins / Halloween / some)
→ ......

B 다음 제시된 단어 수에 맞게 우리말을 영작하세요. (단 조건이 있는 경우, 그것을 만족시킬 것)

1 그 기차는 곧 역에 도착할 것이다. 〔8단어〕

→ ....

2 뱀들은 다리 없이 어떻게 움직일까? 〔6단어〕

→ ....

3 그 아이는 그 나쁜 마법사를 두려워한다. 〔8단어〕 (child, afraid를 포함할 것)

→ ....

4 지도 위에 곧은 선을 하나 그려라. 〔7단어〕

→ ....

5 그 학교는 그 마을의 중심에 있다. 〔9단어〕 (center를 포함할 것)

→ ....

6 그 부자는 그의 휴가를 한국에서 즐긴다. 〔8단어〕

→ ....

7 나의 딸은 항상 나의 의견에 동의한다. 〔6단어〕

→ ....

8 그 영웅은 용에 대항하여 싸운다. 〔6단어〕

→ ....

9 나의 컵의 밑바닥 부분에 모래가 있다. 〔9단어〕

→ ....

10 그녀는 그녀의 아빠의 소원에 반하여 그와 결혼할 것이다. 〔8단어〕

→ ....

A 다음 우리말 뜻과 같도록 주어진 단어들을 바르게 배열하세요.

1 그 여자는 그녀의 오른팔을 구부리고 있다. (right / woman / her / the / is / bending / arm)

➡ ....

2 대부분의 사람들이 매일 인터넷을 이용한다. (day / use / most / Internet / every / people / the)

➡ ....

3 눈이 그 집의 지붕을 덮는다. (house / the / covers / the / roof / snow / of)

➡ ....

4 오직 기자들만이 그 마을에 들어갈 수 있다. (enter / village / can / only / the / reporters)

➡ ....

5 그 해변은 여기에서 20미터 떨어져 있다. (here / away / 20 / is / beach / from / the / meters)

➡ ....

6 그 선수는 키가 거의 2미터이다. (tall / 2 / the / almost / player / is / meters)

➡ ....

7 그 사원은 거기에서 5미터(거리)이다. (there / is / meters / from / temple / 5 / the)

➡ ....

8 그 군인들은 하루에 20킬로미터를 행진한다.
(day / march / the / kilometers / a / soldiers / 20)

➡ ....

9 큰길(주요 도로)을 따라 많은 가게들이 있다.
(road / stores / there / main / many / are / along / the)

➡ ....

10 사막은 육지의 매우 건조한 지역이다. (land / a / desert / very / a / is / dry / of / area)

➡ ....

B 다음 제시된 단어 수에 맞게 우리말을 영작하세요. (단 조건이 있는 경우, 그것을 만족시킬 것)

1 눈이 그 집의 지붕을 덮는다. 〔7단어〕

➡ ....

2 나는 보통 저녁에 목욕한다. 〔8단어〕

➡ ....

3 그 선수는 키가 거의 2미터이다. 〔7단어〕

➡ ....

4 오직 기자들만이 그 마을에 들어갈 수 있다. 〔6단어〕

➡ ....

5 그 종이의 꼭대기에 너의 주소를 써라. 〔9단어〕 (at을 포함할 것)

➡ ....

6 오늘 주차장에서 사고가 있었다. 〔9단어〕

➡ ....

7 나는 그 과학 행사의 무료 표를 한 장 가지고 있다. 〔9단어〕 (to를 포함할 것)

➡ ....

8 사막은 육지의 매우 건조한 지역이다. 〔9단어〕

➡ ....

9 그 여자는 그녀의 오른팔을 구부리고 있다. 〔7단어〕

➡ ....

10 그 해변은 여기에서 20미터 떨어져 있다. 〔8단어〕

➡ ....

Making Sentences

A 다음 우리말 뜻과 같도록 주어진 단어들을 바르게 배열하세요.

1 그는 상자들을 테이프로 한데 묶고 있다. (boxes / is / together / the / taping / he)

➡ ....

2 그 공주는 사랑스러웠지만 어리석었다. (was / but / the / lovely / princess / stupid)

➡ ....

3 그들은 작은 배를 타고 대양을 항해한다. (boat / the / on / sail / small / a / they / ocean)

➡ ....

4 도마뱀 한 마리가 그 거울을 가로질러 달려가고 있다. (mirror / running / lizard / a / across / the / is)

➡ ....

5 그곳 대부분의 사람들이 젊고 튼튼했다. (strong / there / people / young / were / most / and)

➡ ....

6 그 종이를 반으로 접어라. (in / the / fold / half / paper)

➡ ....

7 그는 그 공을 모퉁이 안으로 찬다. (into / the / kicks / he / corner / ball / the)

➡ ....

8 이 질문에 대한 정답을 알아맞힐 수 있니?
(this / guess / can / the / to / question / you / answer)

➡ ....

9 당신들의 시계들을 한 시간 앞으로 맞추시오. (hour / clocks / one / set / ahead / your)

➡ ....

10 그녀는 어제 학교에 결석했다. (school / absent / she / yesterday / from / was)

➡ ....

B 다음 제시된 단어 수에 맞게 우리말을 영작하세요. (단 조건이 있는 경우, 그것을 만족시킬 것)

1 그는 그 공을 모퉁이 안으로 찬다. `7단어`

→
....

2 그 공주는 사랑스러웠지만 어리석었다. `6단어`

→
....

3 나의 아파트는 마을의 중앙에 있다. `9단어` (middle을 포함할 것)

→
....

4 우리는 도로의 옆쪽에 그 차를 주차했다. `10단어`

→
....

5 그 제빵사는 10분 안에 20개의 쿠키를 구울 수 있다. `9단어`

→
....

6 그곳 대부분의 사람들이 젊고 튼튼했다. `7단어`

→
....

7 저 신사는 항상 나를 위해 문을 잡아준다. `8단어`

→
....

8 그녀는 어제 학교에 결석했다. `6단어`

→
....

9 이 질문에 대한 정답을 알아맞힐 수 있니? `8단어`

→
....

10 당신들의 시계들을 한 시간 앞으로 맞추시오. `6단어`

→
....

A 다음 우리말 뜻과 같도록 주어진 단어들을 바르게 배열하세요.

1 물과 바람이 단단한 바위를 부술 수 있다. (and / can / rock / break / water / wind / solid)

➡ ....

2 소파를 텔레비전 쪽으로 당겨라. (toward / the / television / the / pull / sofa)

➡ ....

3 그 고양이는 선명한 초록색 눈을 가지고 있다. (eyes / has / the / green / brilliant / cat)

➡ ....

4 그 선수는 골문 안으로 그 공을 찬다. (the / player / the / into / the / shoots / ball / goal)

➡ ....

5 너의 지갑을 차 안에 남겨두지 마라. (wallet / leave / car / do / not / the / your / in)

➡ ....

6 그녀는 그 마라톤에서 네 번째로 왔다. (fourth / in / she / marathon / came / the)

➡ ....

7 그 의사가 그 환자의 상태를 확인한다. (the / checks / doctor / the / condition / patient's)

➡ ....

8 청중들이 그 쇼가 끝난 후 박수쳤다. (clapped / the / after / the / audience / show)

➡ ....

9 그 길의 끝에 오래된 궁궐이 있다.
(end / of / at / palace / an / old / is / street / the / there / the)

➡ ....

10 양배추는 몸에 좋은 음식의 좋은 예시이다.
(food / example / a / good / cabbage / is / a / healthy / of)

➡ ....

B 다음 제시된 단어 수에 맞게 우리말을 영작하세요. (단 조건이 있는 경우, 그것을 만족시킬 것)

1 그 선수는 골문 안으로 그 공을 찬다. 8단어

➡ ....

2 그녀는 그 마라톤에서 네 번째로 왔다. 6단어

➡ ....

3 청중들이 그 쇼가 끝난 후 박수쳤다. 6단어

➡ ....

4 물과 바람이 단단한 바위를 부술 수 있다. 7단어 (solid를 포함할 것)

➡ ....

5 너의 지갑을 차 안에 남겨두지 마라. 8단어

➡ ....

6 양배추는 몸에 좋은 음식의 좋은 예시이다. 9단어 (주어를 a cabbage로 할 것)

➡ ....

7 나는 이 주제에 대한 많은 것들을 이미 알고 있다. 8단어

➡ ....

8 죄송하지만, 당신은 나의 휴대전화를 쓸 수 없어요. 10단어

➡ ....

9 우리는 세계의 흥미로운 장소들에 대해 읽는다. 8단어 (around를 포함할 것)

➡ ....

10 우리는 그 정보를 그들의 웹사이트로부터 얻을 수 있다. 8단어

➡ ....

A 다음 우리말 뜻과 같도록 주어진 단어들을 바르게 배열하세요.

1 그 방송 진행자는 큰 목소리로 말한다. (loud / announcer / in / voice / the / speaks / a)

➡ ....

2 나는 때때로 나의 용돈으로 펜들을 산다. (my / pens / sometimes / allowance / I / with / buy)

➡ ....

3 우리는 오늘 그 문제에 대해 의논할 것이다. (today / discuss / the / we / problem / will)

➡ ....

4 또 다른 지진이 오늘 밤 그 도시를 강타할 수 있다.
(tonight / hit / can / city / another / the / earthquake)

➡ ....

5 거대한 힘이 그것들을 중심으로 끌어당긴다.
(the / pulls / giant / to / a / center / them / power)

➡ ....

6 너는 저 산에서 몇 개의 동굴들을 발견할 수 있다.
(caves / find / can / that / on / several / mountain / you)

➡ ....

7 그들은 목요일마다 쓰레기를 수거하니?
(every / the / collect / they / Thursday / on / do / garbage)

➡ ....

8 그 해변은 그것의 환상적인 일출로 유명하다.
(sunrises / for / beach / famous / its / the / is / fantastic)

➡ ....

9 이 안경을 환불해 주시겠어요? (for / refund / these / will / me / glasses / give / a / you)

➡ ....

10 이 문제에 대해 다른 방식으로 생각해보자.
(a / this / think / way / let's / about / issue / in / different)

➡ ....

B 다음 제시된 단어 수에 맞게 우리말을 영작하세요. (단 조건이 있는 경우, 그것을 만족시킬 것)

1 나는 때때로 나의 용돈으로 펜들을 산다. 7단어

➡ ....

2 또 다른 지진이 오늘 밤 그 도시를 강타할 수 있다. 7단어

➡ ....

3 그 방송 진행자는 큰 목소리로 말한다. 7단어

➡ ....

4 이 안경을 환불해 주시겠어요? 9단어 (give를 포함할 것)

➡ ....

5 너는 저 산에서 몇 개의 동굴들을 발견할 수 있다. 8단어 (on을 포함할 것)

➡ ....

6 내 친구와 나는 크리스마스에 선물을 교환한다[주고 받는다]. 8단어

➡ ....

7 앰뷸런스는 아픈 사람들을 병원에 데려간다. 8단어

➡ ....

8 그 과학자는 그 프로젝트에서 중요한 역할을 한다. 9단어

➡ ....

9 그들은 목요일마다 쓰레기를 수거하니? 8단어

➡ ....

10 그들은 코끼리들에 대한 흥미로운 사실들에 대해 이야기한다. 7단어

➡ ....

MEMO

Level 5

초등영단어 문장의 시작

Final
실전 활용

정답

Day > 01   Exercises

A

1 star   2 smells   3 catch   4 snake

5 bald   6 buy   7 cute

B

1 slow   2 well   3 use   4 meet

5 ask   6 wake   7 long

C

1 만나서 반가워.

2 그 원숭이는 꼬리가 길다.

3 내가 너의 의견에 대해 물어봐도 될까?

4 나는 오전 6시 정각에 일어난다.

D

1 He can catch birds.

2 This cheese smells good.

3 You can use my computer.

4 The clock is slow.

Day > 02   Quick Check / Exercises

Quick Check

1 meet   2 nice   3 uncle   4 bird

5 snake   6 tiger   7 tail   8 tree

9 cheese   10 red   11 computer

12 wake   13 use   14 swim   15 catch

16 buy   17 clock   18 o'clock   19 slow

20 long   21 cute   22 bald   23 smell

24 ask   25 well   26 sun   27 star

28 opinion

A

1 wide   2 quiet   3 Wednesday

4 dirty   5 clothes   6 bush

7 restaurant

B

1 famous   2 easy   3 hike   4 real

5 early   6 repeat   7 dry

C

1 그 소년은 조용하고 수줍음을 탄다.

2 나는 오늘 일찍 잘 것이다.

3 우리는 산에서 도보여행을 할 수 있다.

4 이 식당은 7시 정각에 문을 닫는다.

D

1 Are those real flowers?

2 His brother is a famous actor.

3 They clean the dirty room.

4 Wednesday is my favorite day.

Day > 03   Quick Check / Exercises

Quick Check

1 flower   2 bush   3 clothes   4 gloves

5 skin   6 clean   7 actor

8 basketball   9 new   10 early

11 Wednesday   12 today   13 dry

14 shy   15 restaurant   16 hike

17 wide   18 quiet   19 easy   20 dirty

21 real   22 famous   23 favorite   24 close

25 question   26 repeat   27 mountain

28 river

A

1 lazy   2 join   3 soap   4 meat

5 magazine   6 Tomorrow   7 leaf

B

1 boring   2 key   3 opens   4 delicious

5 reach   6 wings   7 small

C

1 너 우리와 저녁 식사 함께 할래?

2 너는 천장에 닿을 수 있니?

3 우리는 칼로 고기를 자른다.

4 그들은 열쇠로 그 문을 연다.

D

1 What color is the leaf?

2 The library opens at 9 o'clock.

3 This house is small and dirty.

4 This soup is salty but delicious.

Day > 04   Quick Check / Exercises

Quick Check

1 leaf	2 dinner	3 meat	4 house
5 door	6 ceiling	7 soap	8 key
9 knife	10 wash	11 library	12 join
13 boring	14 hate	15 pass	
16 tomorrow		17 birthday	18 color
19 wing	20 reach	21 salty	22 delicious
23 small	24 lazy	25 beautiful	
26 magazine		27 open	28 speech

A

1 works	2 clay	3 wet	4 write
5 onions	6 fresh	7 send	

B

1 mild	2 comfortable	3 shape
4 charming	5 carry	6 bright	7 sleepy

C

1 그는 찰흙으로 자동차를 만들 수 있다.
2 나의 새 신발은 편하지 않다.
3 내가 이 소파를 옮기는 것을 도와주겠니?
4 나의 어머니는 수요일마다 신선한 빵을 산다.

D

1 The man works at the bookstore.
2 An apple has a round shape.
3 I do not like onions in the salad.
4 Let's wash the wet towels.

Day > 05   Quick Check / Exercises

Quick Check

1 onion	2 bread	3 salad	4 shoes
5 sofa	6 towel	7 make	8 love
9 work	10 sunny	11 clay	
12 bookstore		13 gift	14 mild
15 charming		16 elegant	17 shape
18 round	19 comfortable		20 wet
21 sleepy	22 tired	23 carry	24 read
25 write	26 send	27 fresh	28 bright

A

1 joy	2 talk	3 noon	4 seasons
5 wrong	6 habit	7 curtains	

B

1 dark	2 walk	3 another	4 grand
5 full	6 umbrella	7 flute	

C

1 그 소녀는 기뻐서 춤을 춘다.
2 전화 잘못 거셨어요.
3 나는 매일 아침 학교에 걸어서 간다.
4 그 정원은 다채로운 꽃들로 가득 차 있다.

D

1 There are four seasons in a year.
2 Let's share my umbrella.
3 My sister has a bad habit.
4 The game begins at noon.

Day > 06   Quick Check / Exercises

Quick Check

1 morning	2 black	3 brown	4 curtain
5 walk	6 want	7 joy	8 noon
9 umbrella	10 flute	11 orchestra	
12 dance	13 year	14 season	15 bad
16 grand	17 full	18 colorful	19 live
20 habit	21 game	22 share	23 number
24 wrong	25 plan	26 talk	27 another
28 dark			

A

1 mad	2 clever	3 ninth	4 learns
5 club	6 forest	7 spaghetti	

B

1 borrow	2 spicy	3 floats	4 weekend
5 fit	6 sounds	7 late	

C

1 나의 할머니는 건강해 보인다.
2 우리는 숲에서 좋은 기분이 든다.

3 Matt는 그의 아내에게 몹시 화가 났다.

4 기름은 물 위에 뜬다.

D

1 Can I borrow your textbook?

2 Will it rain in Seoul this weekend?

3 Many students join the tennis club.

4 It sounds like a great plan.

Day > 07 **Quick Check / Exercises**

Quick Check

1 wife	2 oil	3 spaghetti	4 fork
5 club	6 textbook	7 mad	8 borrow
9 late	10 weekend		11 rain
12 English	13 enjoy	14 spicy	15 great
16 many	17 clever	18 look	19 sound
20 feel	21 ninth	22 hurry	23 learn
24 fit	25 forest	26 float	27 sentence
28 think			

A

1 just	2 need	3 skate	4 ugly
5 dive	6 shouting	7 dishes	

B

1 beside	2 every	3 win	4 pick
5 wear	6 pretty	7 same	

C

1 그 책에 나오는 마녀는 못생겼다.

2 우리는 단지 친구 사이일 뿐이다.

3 그 장미들을 꺾지 마라.

4 나는 직장에서 청바지를 입을 수 없다.

D

1 I do not need your help now.

2 Many people have the same family name.

3 I am making dishes in the kitchen.

4 His team will win the gold medal.

Day > 08 **Quick Check / Exercises**

Quick Check

1 friend	2 rose	3 wear	4 jeans
5 bedroom	6 kitchen	7 dish	8 need
9 skate	10 medal	11 win	12 now
13 just	14 beside	15 ice	16 voice
17 dive	18 lake	19 every	20 pretty
21 ugly	22 family name		23 sit
24 help	25 witch	26 pick	27 shout
28 same			

A

1 pale	2 hope	3 touches	4 thirsty
5 remember	6 fast	7 nap	

B

1 curly	2 relax	3 fix	4 difficult
5 member	6 glad	7 like	

C

1 나는 우리가 그 퍼레이드를 볼 수 있기를 희망한다.

2 나는 네가 무사해서 기쁘다.

3 너는 점심식사 후에 낮잠을 자니?

4 너는 얼마나 빨리 너의 차를 운전할 수 있니?

D

1 Clara is a member of the group.

2 She has short curly hair.

3 Math is difficult for me.

4 Eat healthy foods like bananas and apples.

Day > 09 **Quick Check / Exercises**

Quick Check

1 name	2 lady	3 lunch	4 nap
5 fix	6 remember		7 glad
8 like	9 hope	10 thing	11 math
12 parade	13 short	14 curly	15 touch
16 difficult	17 hungry	18 thirsty	19 fast
20 drive	21 relax(rest도 가능)		22 group
23 member	24 pale	25 healthy	26 nature
27 radio	28 safe		

A

1 jungle   2 astronaut   3 fifth   4 country

5 paste   6 medicine   7 grocery store

B

1 Push   2 Water   3 warm   4 order

5 ago   6 draws   7 popular

C

1 가을에는 꽃에 물을 주어라.

2 고양이들은 미국에서 인기 있는 애완동물이다.

3 나는 그 건물에 포스터를 붙인다.

4 나는 그를 한 달 전에 봤다.

D

1 The girl is in the <u>fifth grade</u>.

2 A lion is the <u>king</u> of the <u>jungle</u>.

3 The country <u>has</u> a <u>long history</u>.

4 Korea's <u>first astronaut</u> was a woman.

Day > 10   **Quick Check / Exercises**

Quick Check

1 pet   2 sandwich   3 button   4 yellow

5 water   6 ago   7 warm   8 poster

9 draw   10 paste   11 king   12 history

13 order   14 moon   15 autumn   16 some

17 enough   18 first   19 fifth   20 popular

21 grade   22 country   23 line

24 grocery store   25 medicine

26 jungle   27 astronaut   28 push

A

1 juice   2 stairs   3 helpful   4 invent

5 carpet   6 smooth   7 chopsticks

B

1 soil   2 aloud   3 behind   4 danger

5 speak   6 taste   7 hard

C

1 해가 구름 뒤로 간다.

2 나는 오늘부터 열심히 공부할 것이다.

3 토양 속 뿌리들의 길이가 길다.

4 이 정글에서 사자들 또한 위험에 처해있다.

D

1 I <u>drink</u> orange <u>juice</u> every <u>morning</u>.

2 <u>Koreans</u> <u>use</u> <u>chopsticks</u> every day.

3 The dogs <u>run up</u> the <u>stairs</u>.

4 Amy can <u>spell</u> her name <u>aloud</u>.

Day > 11   **Quick Check / Exercises**

Quick Check

1 root   2 juice   3 stairs   4 table

5 carpet   6 chopsticks   7 drink

8 study   9 hard   10 staff   11 run

12 behind   13 cloud   14 also   15 Korean

16 French   17 taste   18 bitter   19 soft

20 smooth   21 spell   22 invent   23 soil

24 speak   25 danger   26 special   27 helpful

28 aloud

A

1 wait   2 believe   3 charge   4 biscuit

5 generous   6 about   7 rest

B

1 Add   2 chance   3 type   4 noise

5 get   6 check   7 around

C

1 나는 이런 종류의 이야기를 좋아한다.

2 이것은 우리에게 큰 기회이다.

3 당신의 차례를 기다려 주세요.

4 거실에서 휴식을 취하자.

D

1 I <u>can hear noise from</u> his house.

2 He can <u>get</u> a <u>job</u> in Korea.

3 I <u>believe</u> he can <u>win</u> the <u>race</u>.

4 The horse is running <u>around</u> the <u>track</u>.

Day > 12　Quick Check / Exercises

Quick Check

1 biscuit	2 salt	3 living room	
4 worry	5 job	6 track	7 race
8 get	9 check	10 wait	11 around
12 chance	13 type	14 generous	
15 turn	16 rest	17 sweet	18 big
19 add	20 smart	21 hear	22 story
23 about	24 battery	25 charge	26 message
27 noise	28 believe		

A

1 kind	2 laugh	3 last	4 office
5 Europe	6 understand		7 welcome

B

1 lessons	2 court	3 decide	4 selfish
5 practice	6 save	7 alone	

C

1 그는 내 농담에 웃지 않는다.
2 그 이기적인 소년은 친구가 거의 없다.
3 그는 지난주에 한국에 갔다.
4 그들은 그들의 아이들을 위해 돈을 저축한다.

D

1 His office is on the first floor.
2 I will travel around Europe.
3 They can't decide my future.
4 I will take guitar lessons this year.

Day > 13　Quick Check / Exercises

Quick Check

1 floor	2 sleep	3 lesson	4 gym
5 understand		6 welcome	7 laugh
8 court	9 money	10 save	11 future
12 week	13 violin	14 guitar	15 practice
16 Europe	17 kind	18 Japanese	
19 office	20 travel	21 party	22 few
23 selfish	24 alone	25 last	26 joke
27 thank	28 decide		

A

1 lamp	2 circle	3 below	4 tower
5 designed	6 heart	7 idea	

B

1 Heavy	2 begins	3 pencil	4 watch
5 performing		6 breaks	7 build

C

1 오늘 많은 비가 내릴 것이다.
2 그 밴드가 공원에서 공연하고 있다.
3 그 종이를 하트 모양으로 잘라라.
4 이 선 아래를 보세요.

D

1 The first class begins at 9.
2 Draw a circle with your finger.
3 Can you tell me about your new idea?
4 They build a wall around the spaceship.

Day > 14　Quick Check / Exercises

Quick Check

1 finger	2 break	3 class	4 pencil
5 artist	6 begin	7 below	8 band
9 paper	10 cafe	11 base	12 fall
13 lamp	14 thick	15 heavy	16 circle
17 heart	18 see	19 watch	20 tower
21 build	22 movie	23 design	24 hill
25 spaceship		26 perform	27 idea
28 tell(talk도 가능)			

A

1 Bend	2 gives	3 careful	4 chocolate
5 nothing	6 congratulate		7 satellite

B

1 matter	2 faces	3 grow	4 becomes
5 all	6 acts	7 finish	

C

1 그 건물은 광장을 마주하고 있다.
2 나의 남동생은 어른처럼 행동한다.

3 나는 그것에 대해 아무것도 모른다.

4 너 무슨 일 있니?

D

1 <u>Bend</u> your <u>body</u> to the <u>left</u>.

2 We can <u>grow</u> <u>food</u> in <u>space</u>.

3 My grandma <u>gives</u> me a big <u>hug</u>.

4 We <u>all</u> <u>stop</u> at red <u>traffic</u> <u>lights</u>.

Day > 15   Quick Check / Exercises

Quick Check

1 adult	2 chocolate	3 finish	4 face
5 grow	6 know	7 project	8 bend
9 give	10 nothing	11 act	12 square
13 left	14 spring	15 hug	
16 congratulate		17 wedding	18 all
19 with	20 become	21 traffic light	
22 crossroad		23 factory	24 space
25 moon	26 satellite	27 matter	28 careful

A

1 roll	2 because	3 flows	4 inside
5 stamps	6 death	7 Both	

B

1 fun	2 control	3 crosses	4 visit
5 over	6 pay	7 sells	

C

1 둘 다 훌륭한 영화이다.

2 우리는 겨울에서 즐거운 시간을 보낸다.

3 나는 오늘 나의 아버지의 회사를 방문할 것이다.

4 나는 이것을 현금으로 지불할 것이다.

D

1 A bee is flying <u>over</u> my <u>head</u>.

2 A stream <u>flows</u> <u>under</u> the <u>bridge</u>.

3 I like him <u>because</u> he is <u>wise</u>.

4 The <u>bridge</u> <u>crosses</u> <u>over</u> the <u>river</u>.

Day > 16   Quick Check / Exercises

Quick Check

1 fruit	2 head	3 eraser	4 fun
5 company	6 pilot	7 roll	8 cash
9 pay	10 under	11 over	12 death
13 flow	14 both	15 wise	16 bridge
17 inside	18 post office		19 cross
20 stamp	21 visit	22 sell	23 stream
24 life	25 case	26 excellent	27 because
28 control			

A

1 trip	2 dolphin	3 dictionary	
4 blowing	5 toward	6 breakfast	7 Christmas

B

1 costs	2 ready	3 low	4 soon
5 care	6 near	7 introduce	

C

1 그 사전은 단어들로 가득 차 있다.

2 표는 10달러이다.

3 나의 부모님은 나의 건강에 대해 마음을 쓰신다.

4 그 남자는 낮은 속도로 운전하고 있다.

D

1 We will go that <u>way</u> <u>soon</u>.

2 She <u>returned</u> <u>home</u> from her <u>trip</u>.

3 They <u>point</u> <u>toward</u> the post office.

4 Do not play <u>near</u> the <u>deep</u> water.

Day > 17   Quick Check / Exercises

Quick Check

1 family	2 dolphin	3 breakfast	4 pink
5 word	6 dictionary		7 cook
8 soon	9 low	10 Christmas	
11 blow	12 health	13 west	14 return
15 toward	16 near	17 trip	18 ticket
19 ready	20 deep	21 introduce	
22 way	23 speed	24 cost	25 point
26 newspaper		27 culture	28 care

A

1 forget   2 cousin   3 energy   4 balloon

5 light   6 far   7 alright

B

1 focus   2 best   3 active   4 lands

5 abroad   6 bounces   7 tears

C

1 나의 사촌과 나는 같은 나이이다.

2 나의 가족은 내년에 해외에 갈 것이다.

3 그녀는 그 공책에서 한 페이지를 찢어낸다.

4 그 나무들은 겨울을 위한 에너지를 보존한다.

D

1 What is the <u>best</u> <u>food</u> in the <u>world</u>?

2 The airplane <u>lands</u> on a <u>small</u> <u>island</u>.

3 A balloon <u>floats</u> in the <u>air</u>.

4 It is not her <u>best</u> <u>song</u>, but it is <u>alright</u>.

4 지구는 태양으로부터 세 번째의 행성이다.

D

1 The boys <u>play</u> <u>soccer</u> on the <u>lawn</u>.

2 Eva <u>puts</u> the money in her <u>purse</u>.

3 Her father can't <u>change</u> her <u>mind</u>.

4 He <u>missed</u> a <u>call</u> <u>from</u> his mother.

Day > 18   **Quick Check / Exercises**

Quick Check

1 age   2 cousin   3 plant   4 homework

5 forget   6 notebook   7 bounce   8 next

9 far   10 song   11 tear   12 light

13 air   14 energy   15 land   16 world

17 hospital   18 winter   19 never   20 once

21 abroad   22 balloon   23 active   24 island

25 campaign   26 best   27 focus

28 alright

A

1 lawn   2 couple   3 coffee   4 nations

5 third   6 missed   7 narrow

B

1 tight   2 puts   3 change   4 score

5 parts   6 certain   7 climb

C

1 그 원피스는 나에게 딱 붙는다.

2 나는 그가 다시 올 것이라고 확신한다.

3 거미는 몸이 두 부분으로 되어 있다.

Day > 19   **Quick Check / Exercises**

Quick Check

1 couple   2 bear   3 coffee   4 sugar

5 dress   6 body   7 back   8 lawn

9 score   10 soccer   11 purse   12 put

13 change   14 counter   15 climb   16 nation

17 Asia   18 certain   19 science   20 miss

21 narrow   22 part   23 tight   24 third

25 highway   26 planet   27 call   28 mind

A

1 bowl   2 paints   3 north   4 show

5 sunset   6 weak   7 valley

B

1 keep   2 sharp   3 feed   4 hit

5 high   6 parked   7 serious

C

1 미국은 멕시코의 북쪽에 있다.

2 열이 심해질 수 있다.

3 그는 태어날 때부터 몸이 약했다.

4 구름들이 지구에 있는 열기를 지킨다.

D

1 Do not <u>feed</u> the <u>animals</u> in the <u>zoo</u>.

2 That <u>mountain</u> <u>valley</u> is very <u>large</u>.

3 Mr. White <u>parked</u> his truck in the <u>mud</u>.

4 The boy can <u>hit</u> the ball with the <u>bat</u>.

Quick Check

1 animal	2 vegetable	3 cap	4 bowl
5 feed	6 bat	7 hit	8 sunset
9 before	10 high	11 hot	12 heat
13 paint	14 birth	15 America	16 park
17 north	18 show	19 usually	20 large
21 sharp	22 weak	23 fever	24 keep
25 serious	26 mud	27 wave	28 valley

A

1 aunt	2 drop	3 arrow	4 exercise
5 bones	6 important		7 However

B

1 above	2 brush	3 Each	4 nervous
5 surprised	6 fond	7 sure	

C

1 나는 하루에 세 번 이를 닦는다.
2 우리는 그의 소풍 계획에 대해 확신한다.
3 나의 아버지는 낚시를 매우 좋아하신다.
4 인간들은 몇 개의 뼈를 가지고 있나요?

D

1 They were surprised at the news.
2 My aunt shows me her photos.
3 How often do you exercise?
4 Music is an important part of the film.

A

1 hobby	2 outdoor	3 forecast	4 indoor
5 laundry	6 customer	7 throws	

B

1 loose	2 between	3 for	4 hurt
5 street	6 among	7 during	

C

1 나는 그녀의 감정을 다치게 하고 싶지 않다.
2 내 셔츠에 있는 단추 하나가 느슨해졌다.
3 나는 나의 실내 정원에서 감자들을 키운다.
4 그 무례한 고객이 그를 화나게 만든다.

D

1 The kids cross the street at the crosswalk.
2 Choose one among these three ties.
3 The kid stands between Joe and Tom.
4 I will study English during summer vacation.

Quick Check

1 potato	2 choose	3 shirt	4 laundry
5 feeling	6 hurt	7 throw	8 coin
9 for	10 during	11 between	12 among
13 forecast	14 rude	15 market	16 indoor
17 outdoor	18 vacation	19 listen	20 loose
21 hobby	22 street	23 crosswalk	
24 service	25 stand	26 customer	
27 busy	28 say		

A

1 hops	2 proud	3 lend	4 village
5 sidewalk	6 Lightning	7 front	

B

1 invite	2 always	3 quick	4 silent
5 guides	6 Calm	7 stay	

C

1 교실에서 조용히 하세요.
2 그 여성은 빠른 걸음으로 걸었다.
3 번개는 항상 천둥 앞에 온다.

Quick Check

1 aunt	2 human	3 tooth	4 brush
5 surprised	6 fond	7 nervous	8 writer
9 above	10 drop	11 exercise	12 east
13 often	14 sunglasses		15 picnic
16 each	17 arrow	18 field	19 film
20 photo	21 fishing	22 match	23 bone
24 news	25 guest	26 however	27 sure
28 important			

4 이 책의 앞쪽에는 고양이 한 마리의 그림이 있다.

D

1 The lady is proud of her brave son.
2 My father always calls me twice a day.
3 Calm down, we will not fail.
4 They have a clear stream in their village.

Day › 23   Quick Check / Exercises

Quick Check

1 child	2 classmate	3 classroom	4 lend
5 front	6 clear	7 thunder	8 lightning
9 picture	10 hop	11 step	12 brave
13 calm	14 France	15 guide	16 always
17 twice	18 invite	19 any	20 quick
21 village	22 sidewalk	23 passenger	
24 ride	25 stay	26 proud	27 silent
28 fail			

A

1 deaf	2 night	3 again	4 across
5 blind	6 display	7 cookies	

B

1 only	2 honest	3 flat	4 excited
5 classical	6 several	7 host	

C

1 진정한 친구는 너에게 정직하다.
2 우리는 지붕이 편평한 집을 살 것이다.
3 너는 다음번에 다시 시도할 수 있다.
4 우리는 그의 피아노 공연에 신이 났다.

D

1 Is there a farm across from the school?
2 At the festival, people can throw only tomatoes.
3 The man is the host of the party tonight.
4 There are several expensive cameras in his room.

Day › 24   Quick Check / Exercises

Quick Check

1 night	2 strawberry		3 cookie
4 roof	5 excited	6 tonight	7 classical
8 concert	9 display	10 across	11 festival
12 host	13 several	14 only	15 honest
16 flat	17 expensive		18 blind
19 deaf	20 dumb	21 true	22 farm
23 museum	24 vehicle	25 hunt	26 signal
27 again	28 try		

A

1 downtown		2 fights	3 rich
4 marry	5 bottom	6 center	
7 Halloween			

B

1 sticky	2 without	3 straight	4 arrive
5 afraid	6 shade	7 agrees	

C

1 뱀들은 다리 없이 어떻게 움직일까?
2 지도 위에 곧은 선을 하나 그려라.
3 그 아이는 나쁜 마법사를 두려워한다.
4 그녀는 그녀의 아빠의 소원에 반하여 그와 결혼할 것이다.

D

1 My daughter always agrees with me.
2 The school is in the center of the town.
3 The train will arrive at the station soon.
4 My hands are sticky with watermelon juice.

Day › 25   Quick Check / Exercises

Quick Check

1 daughter	2 watermelon		3 pumpkin
4 fight	5 afraid	6 arrive	7 center
8 Halloween		9 move	10 sand
11 shade	12 map	13 bottom	14 holiday
15 marry	16 huge	17 straight	18 sticky
19 rich	20 without	21 town	

22 downtown 　　23 station 　24 dragon
25 wizard 　26 sale 　　27 agree 　28 against

A

1 right 　　2 area 　　3 enter 　　4 Most
5 there 　　6 address 　7 parking lot

B

1 free 　　2 along 　　3 covers 　4 march
5 away 　　6 bath 　　7 almost

C

1 그 해변은 여기에서 20미터 떨어져 있다.
2 나는 그 과학 행사의 무료 표를 한 장 가지고 있다.
3 그 선수는 키가 거의 2미터이다.
4 큰길(주요 도로)을 따라 많은 가게들이 있다.

D

1 Only reporters can enter the village.
2 Most people use the Internet every day.
3 A desert is a very dry area of land.
4 There was an accident at the parking lot
　today.

C

1 그 종이를 반으로 접어라.
2 그녀는 어제 학교에 결석했다.
3 저 신사는 항상 나를 위해 문을 잡아준다.
4 그 공주는 사랑스러웠지만 어리석었다.

D

1 They sail the ocean on a small boat.
2 Can you guess the answer to this question?
3 Set your clocks ahead one hour.
4 We parked the car at the side of the road.

Day > 27　Quick Check / Exercises

Quick Check

1 gentleman 　　　2 lizard 　　3 mirror
4 tape 　　5 set 　　6 kick 　　7 minute
8 ahead 　　9 middle 　10 yesterday
11 fold 　　12 stupid 　13 half 　14 lovely
15 strong 　16 young 　17 apartment
18 road 　　19 side 　　20 corner 　21 sail
22 bake 　　23 guess 　24 answer 　25 absent
26 ocean 　27 together 28 hold

A

1 sorry 　　2 fourth 　　3 information
4 brilliant 　5 palace 　　6 interesting
7 example

B

1 leave 　　2 shoots 　3 solid 　　4 already
5 Pull 　　6 condition 7 clapped

C

1 그녀는 그 마라톤에서 네 번째로 왔다.
2 너의 지갑을 차 안에 남겨두지 마라.
3 우리는 그 정보를 그들의 웹사이트로부터 얻을 수 있다.
4 우리는 세계의 흥미로운 장소들에 대해 읽는다.

D

1 Pull the sofa toward the television.
2 I already know many things about this topic.
3 A cabbage is a good example of healthy food.
4 There is an old palace at the end of the street.

Day > 26　Quick Check / Exercises

Quick Check

1 evening 　2 arm 　　3 bath 　　4 soldier
5 top 　　6 there 　　7 away 　　8 snow
9 cover 　　10 march 　11 temple 　12 right
13 along 　14 almost 　15 beach 　16 event
17 tall 　　18 most 　　19 free 　　20 address
21 parking lot 　　22 area 　　23 accident
24 Internet 25 desert 　26 reporter 27 enter
28 main

A

1 mirror 　　2 young 　　3 corner 　4 stupid
5 side 　　6 middle 　7 Set

B

1 sail 　　2 together 　3 Fold 　　4 absent
5 holds 　　6 guess 　　7 minutes

Quick Check

1 cabbage 2 green 3 television 4 topic

5 clap 6 sorry 7 interesting

8 marathon 9 player 10 shoot 11 wallet

12 end 13 rock 14 palace 15 place

16 brilliant 17 solid 18 fourth 19 patient

20 cell phone 21 already 22 leave

23 website 24 information 25 audience

26 pull 27 example 28 condition

A

1 different 2 discuss 3 fantastic

4 sometimes 5 refund

6 earthquake 7 presents

B

1 giant 2 loud 3 facts 4 role

5 takes 6 collect 7 find

C

1 또 다른 지진이 오늘 밤 그 도시를 강타할 수 있다.

2 우리는 오늘 그 문제에 대해 의논할 것이다.

3 앰뷸런스는 아픈 사람들을 병원에 데려간다.

4 그 과학자는 그 프로젝트에서 중요한 역할을 한다.

D

1 My friend and I exchange presents on Christmas.

2 Do they collect the garbage on every Thursday?

3 Let's think about this issue in a different way.

4 You can find several caves on that mountain.

Quick Check <p.190>

1 elephant 2 glasses 3 garbage 4 role

5 scientist 6 allowance 7 present

8 sunrise 9 loud 10 collect 11 find

12 sometimes 13 power 14 city

15 take 16 refund 17 exchange

18 sick 19 problem 20 cave

21 earthquake 22 giant 23 fact

24 announcer 25 fantastic

26 discuss 27 issue 28 different

Overall Test 1회

1 ④	2 ②	3 ②	4 autumn / fall	
5 ②	6 ④	7 ④	8 ④	9 ③
10 ④	11 ③	12 ③	13 ②	14 ①

해석

1 ① 조절[통제]하다 ② 소개하다 ③ 교환; 교환하다 ④ 공연하다

2 ① 콩 ② 배 ③ 감자 ④ 양배추

3 ① 보다, 보이다 ② 달리다 ③ 듣다, 들리다 ④ 냄새; 냄새가 나다

4 봄 → 여름 → (가을) → 겨울

5 (나는 나의 어머니를 위해 약간의 꽃을 사기로 결심한다.)

6 ① 직업, 일 – 우주비행사 ② 탈 것 – 지하철 ③ 날씨 – 화창한
④ 환자 – 의사

7 ① 무거운 – 가벼운 ② 날씬한 – 통통한 ③ 육지 – 섬 ④ 달 – 3월

8 ① 곧 ② 늦은; 늦게 ③ 이른; 일찍 ④ (움직임이) 빠른; 빨리

9 ① 아기 ② 남자, 녀석 ③ 어린이, 아이 ④ 학생

10 ① 얻다, 받다 – 가져가다, 데려가다 ② 팔다 – 판매, 할인 판매
③ 어려운 – 어려운 ④ (똑)같은 – 다른

11 (나는 그가 얼음 위에서 스케이트를 탈 수 있다고 생각한다.)
① 말하다 ② 동의하다 ③ 믿다, 생각하다 ④ 고르다

12 (나는 너를 만나서 행복하다[기쁘다].)
① 신이 난, 들뜬 ② 놀란, 놀라는 ③ 기쁜, 반가운 ④ 괜찮은, 좋은

13 (A: 오늘 날씨가 어떠니? B: 비오는 날이야. 우리는 우산이 필요해.)
① 화창한 ② 비오는 ③ 추운 ④ 안개가 낀

14 (우리의 삼촌이나 이모[고모]의 자녀를 무엇이라고 부르나요?)
① 사촌 ② 형, 남자형제 ③ 딸 ④ 소년

Overall Test 2회

1 ③	2 ④	3 ④	4 third	5 ③
6 ④	7 ③	8 ②	9 ④	10 ②
11 ②	12 ④	13 ②	14 ①	

해석

1 ① 팔다 ② 보내다 ③ 지불하다 ④ 꺾다, 따다

2 ① 요트 ② 제트기 ③ 헬리콥터 ④ 속도

3 ① 흙, 토양 ② 숲, 삼림 ③ 강 ④ 우주선

4 첫 번째의 → 두 번째의 → (세 번째의) → 네 번째의

5 (이 빨간색 셔츠를 저 흰색 셔츠로 교환할 수 있을까요?)

6 ① 키가 작은 – 키가 큰 ② 넓은 – 좁은 ③ 작은 – 큰
④ 작은 – 아주 작은

7 ① 맛 – 양념 맛이 강한 ② 계절 – 봄 ③ 화장실 – 화장실[욕실]
④ 휴일, 명절 – 할러윈

8 ① 아주 작은 ② 얇은, 가는 ③ (크기가) 엄청난, 거대한

　④ (크기ㆍ규모가) 작은

9 ① 걱정하다 ② 몹시 싫어하다, 미워하다; 증오 ③ 슬픈 ④ 몹시 화난

10 ① 던지다 – (공을) 던지다, 차다 ② 바쁜 – 한가한

　③ 충전하다 – 바꾸다 ④ (둘) 사이에 – (셋 이상) 사이에

11 (나는 초록색 지붕이 있는 집을 좋아한다. 하지만, 나는 빨간색 지붕이 있
는 집을 선택할 것이다.)

　① 왜냐하면 ② 그러나 ③ 오직 ④ 그리고

12 (나는 녹황색 채소를 많이 먹는다. 나는 건강을 유지하고 싶기 때문이다.)

　① 목마른 ② 행복한[기쁜] ③ 얇은, 가는 ④ 건강한, 건강에 좋은

13 (A: 오늘 날짜가 어떻게 되니? B: 1월 1일이야. 외식하러 가자!)

　① 크리스마스 날 ② 1월 1일 ③ 일요일 ④ 멋진 날/날씨가 좋은

14 (정보에서 주요한 개념[생각]을 무엇이라고 부르나요?)

　① 요점 ② 농담 ③ 이야기 ④ 사실

Overall Test 3회

1 ②	2 ④	3 ①	4 August	5 ①
6 ③	7 ④	8 ③	9 ①	10 ③
11 ④	12 ②	13 ②	14 ②	

해석

1 ① 귀가 먼 ② 눈이 먼 ③ 말을 못하는 ④ 습관

2 ① 열 ② 기침 ③ 재채기 ④ 뼈

3 ① 개울 ② 인공위성 ③ 로켓 ④ 우주선

4 6월 → 7월 → (8월) → 9월

5 (제가 그 잡지를 빌려도 될까요?)

6 ① 언짢아하다 – 몹시 싫어하다 ② 침착한 – 조용한

　③ ~위에 – ~아래에 ④ 지갑 – (여성용) 작은 지갑

7 ① 돈 – 동전 ② 옷 – 외투, 코트

　③ 고기, 육류 – 닭고기 ④ 초콜릿 – 쿠키

8 (smooth : 매끄러운)

　① 끈적거리는 ② 약한 ③ 거친 ④ 헐거운

9 ① 어려운 ② 심각한 ③ 가장 큰, 주된 ④ 조심하는

10 ① 한가한 – 준비된 ② 편평한 – 곧은

　③ 무거운 – 가벼운 ④ 선명한 – 다채로운

11 (우리는 지난 수업에 무엇을 했나요?)

　① 프로젝트, 과제 ② 공부하다 ③ 일; 일하다 ④ 수업

12 (그녀는 아동용 책의 유명한 작가이다.)

　① 영웅 ② 작가 ③ 선생님 ④ 보도기자

13 (A: 오, 너는 피아노 연주를 잘하는구나! B: 고마워. 나는 매일 연습해!)

　① 돌보다 ② 연습하다 ③ 수업 ④ 작곡하다

14 (마법의 힘을 가진 여자를 무엇이라고 부르나요?)

　① 천사 ② 마녀 ③ 음악가 ④ 영웅

>> 워크북 Making Sentences

Day > 01

A

1 The sun is a star.

2 My uncle is bald.

3 They buy red tulips.

4 The monkey has a long tail.

5 A snake is in the tree.

6 A frog can swim well.

7 You can use my computer.

8 Nice to meet you.

9 Can I ask about your opinion?

10 I wake up at 6 o'clock in the morning.

B

1 My uncle is bald.

2 This cheese smells good.

3 The monkey has a long tail.

4 He can catch birds.

5 The clock is slow.

6 A frog can swim well.

7 Can I ask about your opinion?

8 I wake up at 6 o'clock in the morning.

9 The baby tiger is cute.

10 You can use my computer.

Day > 02

A

1 His brother is a famous actor.

2 The boy is quiet and shy.

3 I will buy new clothes.

4 Wednesday is my favorite day.

5 Basketball is not an easy sport.

6 I will go to bed early today.

7 Can you repeat the question?

8 We can hike in the mountains.

9 His gloves are in the bush.

10 This restaurant closes at 7 o'clock.

B

1 His skin is red and dry.
2 The river is very wide.
3 His brother is a famous actor.
4 They clean the dirty room.
5 Wednesday is my favorite day.
6 Are those real flowers?
7 Basketball is not an easy sport.
8 The boy is quiet and shy.
9 This restaurant closes at 7 o'clock.
10 We can hike in the mountains.

Day > 03

A

1 Can you reach the ceiling?
2 What color is the leaf?
3 Will you join us for dinner?
4 The library opens at 9 o'clock.
5 They open the door with a key.
6 We cut meat with a knife.
7 The bird has beautiful wings.
8 Wash your hands with soap.
9 This soup is salty but delicious.
10 Pass me the magazine, please. / 또는 Please
   pass me the magazine.

B

1 I hate lazy people.
2 This house is small and dirty.
3 They open the door with a key.
4 What color is the leaf?
5 Tomorrow is my father's birthday.
6 This soup is salty but delicious.
7 The library opens at 9 o'clock.
8 His speech is boring.
9 Wash your hands with soap.
10 We cut meat with a knife.

Day > 04

A

1 It is bright and sunny today.
2 My new shoes are not comfortable.
3 Can John read and write his name?
4 I do not like onions in the salad.
5 Can you help me carry this sofa?
6 An apple has a round shape.
7 They love her mild smile.
8 Let's wash the wet towels.
9 My mother buys fresh bread on Wednesdays.
10 I send flowers and a gift to my grandma.

B

1 Can John read and write his name?
2 He can make a car with clay.
3 The man works at the bookstore.
4 Let's wash the wet towels.
5 My new shoes are not comfortable.
6 The old man is tired and sleepy.
7 The queen is elegant and charming.
8 I send flowers and a gift to my grandma.
9 Can you help me carry this sofa?
10 My mother buys fresh bread on Wednesdays.

Day > 05

A

1 I walk to school every morning.
2 The girl dances with joy.
3 There are four seasons in a year.
4 My sister has a bad habit.
5 I play the flute in the orchestra.
6 My favorite color is dark brown.
7 You have the wrong number.
8 Let's share my umbrella.
9 I do not want to talk to him.
10 The garden is full of colorful flowers.

B

1 I have another plan.

2 There are four seasons in a year.

3 I walk to school every morning.

4 The garden is full of colorful flowers.

5 I do not want to talk to him.

6 Let's share my umbrella.

7 They close the black curtains.

8 You have the wrong number.

9 My favorite color is dark brown.

10 My grandpa lives in a grand house.

Day > 06

A

1 Oil floats on water.

2 She learns English at school.

3 Do you enjoy spicy food?

4 Many students join the tennis club.

5 Matt is mad at his wife.

6 Can I borrow your textbook?

7 We feel good in the forest.

8 It sounds like a great plan.

9 Will it rain in Seoul this weekend?

10 We eat spaghetti with a fork and a spoon.

B

1 Hurry! We are late.

2 My grandma looks fit.

3 Matt is mad at his wife.

4 Read the ninth sentence.

5 Many students join the tennis club.

6 Do you enjoy spicy food?

7 I think he is clever.

8 We feel good in the forest.

9 Can I borrow your textbook?

10 She learns English at school.

Day > 07

A

1 You can sit beside me.

2 Many people have the same family name.

3 The boys clean their bedroom every day.

4 Let's skate on the ice.

5 I am making dishes in the kitchen.

6 His team will win the gold medal.

7 They dive into the lake.

8 The witch in the book is ugly.

9 I do not need your help now.

10 I can't wear jeans at work.

B

1 The singer has a pretty voice.

2 Do not pick the roses.

3 I do not need your help now.

4 I can't wear jeans at work.

5 Why are they shouting now?

6 Many people have the same family name.

7 We are just friends.

8 His team will win the gold medal.

9 The boys clean their bedroom every day.

10 I am making dishes in the kitchen.

Day > 08

A

1 You can relax in nature.

2 The old lady looks pale.

3 Math is difficult for me.

4 Eat healthy foods like bananas and apples.

5 Do you take a nap after lunch?

6 I will fix this radio today.

7 The baby touches his things.

8 How fast can you drive your car?

9 I hope we can see the parade.

10 I am glad you are safe.

B

1 The girls are hungry and thirsty.
2 Do you take a nap after lunch?
3 I do not remember his name.
4 I am glad you are safe.
5 She has short curly hair.
6 Clara is a member of the group.
7 Math is difficult for me.
8 The old lady looks pale.
9 How fast can you drive your car?
10 Eat healthy foods like bananas and apples.

Day > 09

A

1 He draws a line on the ball.
2 I saw him a month ago.
3 I paste the poster on the building.
4 The girl is in the fifth grade.
5 The country has a long history.
6 Water the flower in autumn.
7 Korea's first astronaut was a woman.
8 I buy some milk at the grocery store.
9 Cats are popular pets in America.
10 We do not have enough medicine.

B

1 The girl is in the fifth grade.
2 The country has a long history.
3 Yellow is a bright and warm color.
4 Push the button on the table.
5 They order a sandwich and a salad.
6 I paste the poster on the building.
7 He draws a line on the ball.
8 We do not have enough medicine.
9 I buy some milk at the grocery store.
10 Cats are popular pets in America.

Day > 10

A

1 This coffee has a bitter taste.
2 The roots in the soil are long.
3 The hotel staff is very helpful.
4 I will study hard from today.
5 The dogs run up the stairs.
6 Koreans use chopsticks every day.
7 The little boy can speak French.
8 The sun goes behind a cloud.
9 Lions are also in danger in this jungle.
10 Amy can spell her name aloud.

B

1 I will study hard from today.
2 I drink orange juice every morning.
3 He will invent a special camera.
4 Put the table on the carpet.
5 Koreans use chopsticks every day.
6 The dogs run up the stairs.
7 The sun goes behind a cloud.
8 Lions are also in danger in this jungle.
9 Amy can spell her name aloud.
10 The little boy can speak French.

Day > 11

A

1 My aunt is smart and generous.
2 He can get a job in Korea.
3 I like this type of story.
4 I believe he can win the race.
5 Add some salt to the soup.
6 Let's take a rest in the living room.
7 I can hear noise from his house.
8 I will check my message now.
9 The horse is running around the track.
10 This biscuit has a sweet smell.

B

1 Please wait your turn.
2 Do not worry about your son.
3 I can hear noise from his house.
4 He can get a job in Korea.
5 Please charge this battery.
6 This is a big chance for us.
7 I believe he can win the race.
8 Add some salt to the soup.
9 Let's take a rest in the living room.
10 I will check my message now.

A

1 Zebras can't sleep alone.
2 I will travel around Europe.
3 They practice the violin every day.
4 Thank you for your kind help.
5 I will take guitar lessons this year.
6 He does not laugh at my jokes.
7 His office is on the first floor.
8 We welcome you to our party.
9 They save money for their kids.
10 The selfish boy has few friends.

B

1 I will travel around Europe.
2 They save money for their kids.
3 His office is on the first floor.
4 He does not laugh at my jokes.
5 There is a tennis court in the gym.
6 The selfish boy has few friends.
7 My sister can understand Japanese.
8 He went to Korea last week.
9 They practice the violin every day.
10 They can't decide my future.

A

1 The man breaks the thick ice.
2 The lamp has a heavy base.
3 Please see below this line. / 또는 See below this line, please.
4 Heavy rain will fall today.
5 Can you tell me about your new idea?
6 He designed the cafe 2 years ago.
7 The first class begins at 9.
8 They build a wall around the spaceship.
9 The artist draws lines with a pencil.
10 Cut the paper in a heart shape.

B

1 Many people watch movies at home.
2 Draw a circle with your finger.
3 The band is performing in the park.
4 They build a tower on the hill.
5 The first class begins at 9.
6 He designed the cafe 2 years ago.
7 The man breaks the thick ice.
8 Cut the paper in a heart shape.
9 The artist draws lines with a pencil.
10 Can you tell me about your new idea?

A

1 In spring, the seed becomes a rose.
2 My grandma gives me a big hug.
3 The moon is a satellite of the earth.
4 They congratulate Tom on his wedding.
5 My brother acts like an adult.
6 The building faces the square.
7 We can grow food in space.
8 I know nothing about it.
9 We all stop at red traffic lights.
10 When will you finish your project?

B

1 Bend your body to the left.
2 Be careful at the crossroad.
3 The moon is a satellite of the earth.
4 My uncle works in the chocolate factory.
5 I know nothing about it.
6 My brother acts like an adult.
7 When will you finish your project?
8 The building faces the square.
9 We can grow food in space.
10 What is the matter with you?

Day > 15

A

1 I will pay for this in cash.
2 Both are excellent movies.
3 A bee is flying over my head.
4 We have a fun time in the stream.
5 The inside of the case is red.
6 The bridge crosses over the river.
7 I like him because he is wise.
8 The movie is about life and death.
9 A stream flows under the bridge.
10 I will visit my father's company today.

B

1 They roll an eraser on the desk.
2 A pilot can control an airplane.
3 A bee is flying over my head.
4 The shop sells fresh fruit.
5 A stream flows under the bridge.
6 I will pay for this in cash.
7 We have a fun time in the stream.
8 You can buy stamps at the post office.
9 I will visit my father's company today.
10 The bridge crosses over the river.

Day > 16

A

1 They point toward the post office.
2 She will cook a turkey on Christmas day.
3 A ticket costs 10 dollars.
4 Are you ready for the family trip?
5 We will go that way soon.
6 My parents care about my health.
7 The dictionary is full of words.
8 The man is driving at a low speed.
9 The wind is blowing from the west.
10 I will introduce Korean culture to you.

B

1 Do not play near the deep water.
2 Are you ready for the family trip?
3 She returned home from her trip.
4 I will introduce Korean culture to you.
5 A ticket costs 10 dollars.
6 The man is driving at a low speed.
7 The dictionary is full of words.
8 The wind is blowing from the west.
9 I read the newspaper after breakfast.
10 We can see a pink dolphin in the zoo.

Day > 17

A

1 I can't focus on my homework.
2 My cousin and I are the same age.
3 All plants need light and water.
4 We are active in the campaign.
5 The trees save energy for winter.
6 What is the best food in the world?
7 He bounces the ball once on the court.
8 She tears a page from the notebook.
9 My family will go abroad next year.
10 The airplane lands on a small island.

B

1 I never forget a face.
2 A balloon floats in the air.
3 My cousin and I are the same age.
4 The airplane lands on a small island.
5 What is the best food in the world?
6 All plants need light and water.
7 The bank is far from the hospital.
8 My family will go abroad next year.
9 She tears a page from the notebook.
10 The trees save energy for winter.

Day > 18

A

1 He missed a call from his mother.
2 The dress is tight on me.
3 How many nations are there in Asia?
4 The trucks cross the narrow highway.
5 I will get a good score in science.
6 Eva puts the money in her purse.
7 Please put some sugar in my coffee. / 또는 Put some sugar in my coffee, please.
8 The earth is the third planet from the sun.
9 Some adult bears do not climb trees.
10 Spiders have two parts to their body.

B

1 Her father can't change her mind.
2 A couple is standing at the counter.
3 The dress is tight on me.
4 I will get a good score in science.
5 He missed a call from his mother.
6 The earth is the third planet from the sun.
7 The boys play soccer on the lawn.
8 Spiders have two parts to their body.
9 I am certain he will come back.
10 How many nations are there in Asia?

Day > 19

A

1 He was weak from birth.
2 Clouds keep the heat on the earth.
3 The boy can hit the ball with the bat.
4 The fever can become serious.
5 Mr. White parked his truck in the mud.
6 That mountain valley is very large.
7 Can you show me that yellow cap?
8 Do not feed the animals in the zoo.
9 America is to the north of Mexico.
10 He usually paints buildings white.

B

1 Come back before sunset.
2 The fever can become serious.
3 The waves are not high today.
4 That mountain valley is very large.
5 Wash the bowl with hot water.
6 Clouds keep the heat on the earth.
7 The boy can hit the ball with the bat.
8 Cut the vegetables with a sharp knife.
9 Do not feed the animals in the zoo.
10 Can you show me that yellow cap?

Day > 20

A

1 They were surprised at the news.
2 I brush my teeth three times a day.
3 A goose is flying above the field.
4 I feel nervous before a big match.
5 Music is an important part of the film.
6 My aunt shows me her photos.
7 Each guest can enjoy the show.
8 We are sure about his picnic plan.
9 The arrow points to the east.
10 However, the writer never uses computers.

B

1 How often do you exercise?

2 Music is an important part of the film.

3 My dad is very fond of fishing.

4 They were surprised at the news.

5 Each guest can enjoy the show.

6 I brush my teeth three times a day.

7 However, the writer never uses computers.

8 How many bones do humans have?

9 We are sure about his picnic plan.

10 He did not drop the sunglasses on the floor.

Day > 21

A

1 The kid stands between Joe and Tom.

2 The hotel has a laundry service.

3 Brad throws the coin into the river.

4 The kids cross the street at the crosswalk.

5 A button on my shirt became loose.

6 The rude customer makes him angry.

7 Choose one among these three ties.

8 The forecast says it will rain tomorrow.

9 I will study English during summer vacation.

10 I will go to the outdoor market on Sunday.

B

1 My hobby is listening to music.

2 I was busy for three days.

3 The kids cross the street at the crosswalk.

4 I grow potatoes in my indoor garden.

5 I do not want to hurt her feelings.

6 Brad throws the coin into the river.

7 Choose one among these three ties.

8 A button on my shirt became loose.

9 I will study English during summer vacation.

10 The kid stands between Joe and Tom.

Day > 22

A

1 The child hops like a rabbit.

2 The lady is proud of her brave son.

3 Where will you stay in France?

4 Lightning always comes before thunder.

5 They have a clear stream in their village.

6 Please keep silent in the classroom.

(또는 Keep silent in the classroom, please.)

7 The girl rides her bike on the sidewalk.

8 The woman walked with a quick step.

9 She guides the passenger to the chair.

10 Will you invite your classmates to the party?

B

1 Where will you stay in France?

2 Calm down, we will not fail.

3 The lady is proud of her brave son.

4 The girl rides her bike on the sidewalk.

5 She guides the passenger to the chair.

6 Will you invite your classmates to the party?

7 Lightning always comes before thunder.

8 The woman walked with a quick step.

9 My father always calls me twice a day.

10 There is a picture of a cat on the front of this book.

Day > 23

A

1 The lady is deaf and dumb.

2 Tigers usually hunt at night.

3 You can try again next time.

4 The man is the host of the party tonight.

5 We will buy a house with a flat roof.

6 Is there a farm across from the school?

7 We are excited at his piano concert.

8 Ed is listening to classical music in his vehicle.

9 A true friend is honest with you.

10 They are looking at a display in a museum.

B

1 Is there a farm across from the school?
2 You can try again next time.
3 Tigers usually hunt at night.
4 We will buy a house with a flat roof.
5 We are excited at his piano concert.
6 A true friend is honest with you.
7 Try this strawberry cake and those chocolate cookies.
8 At the festival, people can throw only tomatoes.
9 There are several expensive cameras in his room.
10 Traffic lights have sound signals for blind people.

Day > 24

A

1 There is a sale at the shoe store downtown.
2 The child is afraid of the bad wizard.
3 The school is in the center of the town.
4 Draw a straight line on the map.
5 The hero fights against a dragon.
6 My daughter always agrees with me.
7 There is sand at the bottom of my cup.
8 My hands are sticky with watermelon juice.
9 He is standing in the shade of the huge tree.
10 We buy some pumpkins for the Halloween party.

B

1 The train will arrive at the station soon.
2 How do snakes move without legs?
3 The child is afraid of the bad wizard.
4 Draw a straight line on the map.
5 The school is in the center of the town.
6 The rich man enjoys his holiday in Korea.
7 My daughter always agrees with me.
8 The hero fights against a dragon.
9 There is sand at the bottom of my cup.
10 She will marry him against her dad's wish.

Day > 25

A

1 The woman is bending her right arm.
2 Most people use the Internet every day.
3 Snow covers the roof of the house.
4 Only reporters can enter the village.
5 The beach is 20 meters away from here.
6 The player is almost 2 meters tall.
7 The temple is 5 meters from there.
8 The soldiers march 20 kilometers a day.
9 There are many stores along the main road.
10 A desert is a very dry area of land.

B

1 Snow covers the roof of the house.
2 I usually take a bath in the evening.
3 The player is almost 2 meters tall.
4 Only reporters can enter the village.
5 Write your address at the top of the paper.
6 There was an accident at the parking lot today.
7 I have a free ticket to the science event.
8 A desert is a very dry area of land.
9 The woman is bending her right arm.
10 The beach is 20 meters away from here.

Day > 26

A

1 He is taping the boxes together.
2 The princess was lovely but stupid.
3 They sail the ocean on a small boat.
4 A lizard is running across the mirror.
5 Most people there were young and strong.
6 Fold the paper in half.
7 He kicks the ball into the corner.
8 Can you guess the answer to this question?
9 Set your clocks ahead one hour.
10 She was absent from school yesterday.

B

1 He kicks the ball into the corner.

2 The princess was lovely but stupid.

3 My apartment is in the middle of the town.

4 We parked the car at the side of the road.

5 The baker can bake 20 cookies in 10 minutes.

6 Most people there were young and strong.

7 That gentleman always holds the door for me.

8 She was absent from school yesterday.

9 Can you guess the answer to this question?

10 Set your clocks ahead one hour.

Day > 27

A

1 Water and wind can break solid rock.

2 Pull the sofa toward the television.

3 The cat has brilliant green eyes.

4 The player shoots the ball into the goal.

5 Do not leave your wallet in the car.

6 She came fourth in the marathon.

7 The doctor checks the patient's condition.

8 The audience clapped after the show.

9 There is an old palace at the end of the street.

10 A cabbage is a good example of healthy food.

B

1 The player shoots the ball into the goal.

2 She came fourth in the marathon.

3 The audience clapped after the show.

4 Water and wind can break solid rock.

5 Do not leave your wallet in the car.

6 A cabbage is a good example of healthy food.

7 I already know many things about this topic.

8 I am sorry, but you can't use my cell phone.

9 We read about interesting places around the world.

10 We can get the information from their website.

Day > 28

A

1 The announcer speaks in a loud voice.

2 I sometimes buy pens with my allowance.

3 We will discuss the problem today.

4 Another earthquake can hit the city tonight.

5 A giant power pulls them to the center.

6 You can find several caves on that mountain.

7 Do they collect the garbage on every Thursday?

8 The beach is famous for its fantastic sunrises.

9 Will you give me a refund for these glasses?

10 Let's think about this issue in a different way.

B

1 I sometimes buy pens with my allowance.

2 Another earthquake can hit the city tonight.

3 The announcer speaks in a loud voice.

4 Will you give me a refund for these glasses?

5 You can find several caves on that mountain.

6 My friend and I exchange presents on Christmas.

7 An ambulance takes sick people to the hospital.

8 The scientist plays an important role in the project.

9 Do they collect the garbage on every Thursday?

10 They talk about interesting facts about elephants.

초등영단어

문장의 시작

Level 5

Final

실전 활용

메가스터디BOOKS

내용 문의 02-6984-6908 ㅣ 구입 문의 02-6984-6868,9 ㅣ www.megastudybooks.com